MANUAL DE LIMPEZA
de um
MONGE BUDISTA

Matsumoto Shoukei

MANUAL DE LIMPEZA
de um
MONGE BUDISTA

Tradução
Diogo Kaupatez

)|(Academia

Copyright © Keisuke Matsumoto, 2011
Copyright © Editora Planeta do Brasil, 2015, 2020
Edição original japonesa publicada por Discover 21, Inc Tokyo, Japão.
Edição em português publicada em acordo com Discover 21, Inc.
Todos os direitos reservados
Título original: *Obousan ga oshieru kokoro ga totonou souji no hon*

Preparação: Marcelo Nardeli
Revisão: Juliana Cury Rodrigues, Luiz Pereira e Fernanda Guerriero
Diagramação: Desenho Editorial
Ilustrações de miolo: Kikue Tamura
Capa: Rafael Brum
Imagens de capa: Shutterstock

DADOS INTERNACIONAIS DE CATALOGAÇÃO NA PUBLICAÇÃO (CIP) ANGÉLICA ILACQUA CRB-8/7057

Matsumoto, Keisuke
  Manual de limpeza de um monge budista /Matsumoto Shoukei; tradução de Diogo Kaupatez. — 2. ed. -- São Paulo : Planeta do Brasil, 2020.
  176 p.

  ISBN: 978-85-422-1887-9
  Título original: *Obousan ga oshieru kokoro ga totonou souji no hon*

  1. Limpeza e arrumação doméstica 2. Filosofia budista I. Título II. Kaupatez, Diogo

20-1126   CDD 648.5

ÍNDICES PARA CATÁLOGO SISTEMÁTICO:
1. Limpeza e arrumação doméstica

2020
Todos os direitos desta edição reservados à
EDITORA PLANETA DO BRASIL LTDA.
Rua Bela Cintra, 986 – 4º andar – Consolação
01415-002 – São Paulo – SP
www.planetadelivros.com.br
faleconosco@editoraplaneta.com.br

Sumário

Apresentação 09

Parte 1 **Uma ideia de limpeza** 11
A limpeza 13
O lixo 15
A hora de limpar 17
Arejar 19
Insetos 21
Rotatividade 23
Meteorologia 25
Não deixe para amanhã 27

Parte 2 **Utensílios** 29
Samue 31
Tenugui 33
Setta 35
Luvas e meias 37
Vassoura e pá de lixo 39
Pano de chão 41
Balde 43
Escova e espanador 45
Foice, tesoura e pedra de amolar . . . 47

Parte 3 **Limpeza da cozinha, do banheiro e de objetos pessoais** 49
Cozinha 51

Toalete 57
Casa de banho 63
Roupa suja 67
Ferro de passar 71
Koromogae 73
Utensílios de refeição 77
Reparos 83
Desodorização 87
Mofo 89

Parte 4 **Limpeza da casa** 93
Assoalho 95
Tokonoma e sala de visitas 99
Butsuma 103
Shôji. 107
Iluminação 111

Parte 5 **Limpeza da área externa**. 115
Entrada 117
Jardim 121
Vidros das janelas 125
Tela para janelas 127
Caminho de acesso 129
Terraço 131

Parte 6 **Limpeza do corpo e da alma** 133
Lavar o rosto 135
Sono 139
Respiração 141
Escovação dos dentes 143
Corte de cabelo 145
Excreção 147
Refeições 151

Parte 7 **Terminada a limpeza** 155
Desapegue 157
Mantenha a ordem 159
Em harmonia com as estações 161
A Grande Faxina 165

Posfácio 167

Apresentação

Em 2003, tornei-me monge da escola Shin da Terra Pura e fixei-me no templo Kômyô, localizado no distrito de Kamiyachô, em Tóquio. Nosso dia começa com a faxina: varremos o interior do templo, o jardim e, em seguida, lustramos o assoalho da ala principal. Não porque estejam sujos, mas para purgar as sombras que escurecem nossos espíritos.

Ao visitar um templo, penetra-se em um ambiente que intimida ao mesmo tempo que acolhe. No jardim, não há folhas caídas ou sujeira. Ao sentar-se na ala principal, a coluna naturalmente se endireita e os sentidos se aguçam, de modo que as emoções cotidianas se colocam em segundo plano.

Remove-se a sujeira para limpar os desejos mundanos. Assim, cada segundo de faxina é pleno de significado.

Uma vida simples permite voltar-se para dentro de si e concentrar todas as energias em cada instante. Não é restrita aos monges — aliás, é essencial na sociedade moderna, que tanto privilegia a velocidade. A vida é um ascetismo diário, e todo gesto reflete na formação do espírito, que se mancha com atos descuidados e se purifica sob uma conduta correta, momento em que o entorno também resplandece. E, quando o mundo resplandece, a gentileza com o próximo se multiplica.

Quando o assunto é limpeza budista, a escola mais famosa é a zen, embora todas privilegiem a faxina como sinônimo de aprimoramento espiritual. Este livro apresenta os métodos de limpeza cotidiana nos templos, parte integrante das práticas ascéticas dos monges. Os métodos zen-budistas foram compilados em conversas com o monge Shôyô Yoshimura, divulgador da culinária vegetariana, e do monge itinerante Sengaku, difusor do zen em Berlim.

Aproveite os métodos de limpeza monástica contidos nestas páginas. Não são difíceis. Tome a resolução de aperfeiçoar seu interior e as tarefas cotidianas se tornarão um exercício espiritual. Não apenas o seu, mas também o espírito daqueles que o cercam se refinará.

Caso a faxina lhe proporcione uma oportunidade de contemplar o fundo da sua alma, estarei feliz.

Matsumoto Shoukei,
monge do templo Kômyô (Novembro de 2011)

Parte 1

Uma ideia de limpeza

A limpeza

Para os japoneses, a limpeza vai além do simples e repetitivo trabalho braçal. É comum, por exemplo, estudantes dos ensinos fundamental e médio se encarregarem da faxina de suas escolas, algo inconcebível no Ocidente.

Visite um templo budista e perceberá que suas dependências estão sempre impecáveis. Um dos motivos, claro, é expressar as boas-vindas aos visitantes. No entanto, para os monges aprendizes residentes, a limpeza também é uma importante missão ascética — cabe a eles varrer, espanar, esfregar e lustrar todos os ambientes. Quando estudava em um templo em Quioto, fui instruído a dobrar e guardar as roupas da maneira correta; caso eu cometesse o menor dos erros, era advertido pelo monge veterano.

Se houver oportunidade, observe monges limpando os templos: vestidos em roupas de trabalho, executam em silêncio a função que lhes foi designada, os rostos plenos de alegria. Limpeza não é considerada um estorvo, algo malquisto e que deve ser concluído o mais rápido possível. Dizem que um dos discípulos de Buda alcançou o nirvana fazendo nada menos que varrer, enquanto entoava: "Tirar o pó e remover a sujeira".

Limpar não é somente o antônimo de sujar, é uma prática que conduz ao aperfeiçoamento espiritual.

O lixo

O que é lixo? Aquilo que é velho, inútil, imprestável? Objetos não nascem lixo, tornam-se quando *alguém* os desgasta ou quebra, quando passa a enxergá-los nessa condição.

O budismo acredita que, neste mundo, nada dispõe de substância e que, portanto, as coisas carecem permanentemente de essência. No entanto, se algo não desfruta de substância, como explicar sua existência? A existência ocorre porque todas as coisas se relacionam. Você é constituído por aquilo que o cerca, por isso não é cabível determinar o valor dos objetos de modo individualista, a partir da utilidade que eles têm ou não para você.

Certa vez, o monge eminente Rennyo (1415-1499) encontrou um papel rasgado no chão. Diante do objeto, disse: "Não posso desperdiçá-lo, pois mesmo este mero pedaço de papel foi abençoado por Buda". O conceito japonês de "desperdício" não está relacionado apenas com a preservação das coisas, mas também com a gratidão por sua existência.

Quem não respeita os objetos tampouco respeita as pessoas. Se tudo se tornará inútil e desnecessário em algum momento, então tudo é potencialmente lixo. Crie uma criança sob esses valores e ela enxergará os amigos dessa forma.

Os objetos demandam energia e tempo para serem criados, e carregam em si uma parte de seus criadores. Ao limpar e organizar sua casa, não os manuseie de forma rude e sempre tenha o sentimento de gratidão.

Por outro lado, isso não é álibi para entocar tudo dentro do armário. Mesmo velhos, os objetos ainda guardam vida dentro de si e, se os doarmos, eles poderão ser úteis a alguém. Caso sejam esquecidos em guarda-roupas ou depósitos, eles terminarão sua existência no frio e na escuridão, o que é digno de pena.

PERMITA QUE OS OBJETOS QUE LHE SERVIRAM ATÉ ENTÃO POSSAM EXERCER SUAS FUNÇÕES NAS MÃOS DE TERCEIROS — SEJA-LHES GRATO E REPASSE-OS. ISSO É VALORIZÁ-LOS.

A hora de limpar

Faxina não tem horário definido: é feita quando há tempo livre, não é mesmo?

A limpeza busca remover as sombras instaladas em nossas mentes. No entanto, fazê-la à noite, mesmo que estejamos determinados, não proporciona a mesma sensação de prazer. Nos templos, não se inicia a faxina próximo ao pôr do sol, de modo a não interrompê-la com o início da noite. O melhor horário para a limpeza é pela manhã.

A rotina de um monge aprendiz ao acordar é lavar o rosto, vestir-se, fazer a faxina e recitar o sutra. Ao expor o corpo ao frio que antecede a alvorada, suas energias se concentram e proporcionam a vitalidade para iniciar um novo dia. Executar a limpeza em silêncio, envolto na quietude da fauna e da flora adormecidas, contribui para a sensação de purificação espiritual e, assim como o corpo, a mente se torna aguçada. O entorno desperta no momento em que o jovem monge termina a faxina e se prepara para iniciar as demais tarefas do dia. A limpeza matinal despreocupa o espírito e faz o dia transcorrer de forma agradável.

Antes de dormir, por sua vez, devemos organizar os objetos à nossa volta. Se vivêssemos como monges aprendizes, que passam o dia devotados à limpeza e à organização, não precisaríamos arrumar as coisas ao final do dia. Terminou de usar, arrume. Faça isso e as coisas ficarão ordenadas. Muitas vezes, porém, é difícil proceder dessa maneira — por isso é importante pelo menos tentar recolocar as coisas aos seus lugares originais à noite. Na manhã seguinte, você despertará revigorado para executar a faxina matinal. Quando eu ainda estudava para me tornar um monge, meus companheiros de quarto e eu sempre recitávamos o sutra antes de ir dormir. O ambiente ordenado e apaziguador tranquilizava meu espírito e me preparava para um sono profundo.

Limpar e arrumar são tarefas diárias e o mais importante é a constância. Mesmo que o tempo disponível seja escasso, restrinja-se ao razoável e torne a faxina cotidiana. No início, acordar cedo será um desafio, mas o hábito acabará por entranhar-se e, então, você passará os dias com corpo e mente desanuviados.

Arejar

Antes de iniciar a faxina, abra as janelas e troque o ar do ambiente, purificando-o com a revigorante brisa de fora. **O AR FRESCO FLUI PELA JANELA NA ALVORADA, TOCA NOSSA PELE E NOS TORNA AINDA MAIS DESPERTOS.** Inspiramos fundo e, pulmões plenos de ar puro, preparamos o espírito para a limpeza. Por mais que limpemos os aposentos e estes se apresentem impecáveis, caso não circulemos o ar estagnado, nosso espírito também permanecerá parado.

Na primavera e no outono, os dias são agradáveis e o vento, prazeroso. No entanto, ao abrir as janelas em pleno verão, o ar é quente e úmido, enquanto, no inverno, parece alfinetar a pele de tão gélido. Mas isso é bom. O ato da limpeza nos possibilita comunicar com a natureza.

Negligencie a casa: a poeira se acumulará, a estrutura se deteriorará... em cem anos, ela desmoronará. A faxina e a manutenção preservam o equilíbrio natural e possibilitam um ambiente confortável. O ser humano é frágil e incapaz de sobreviver na natureza selvagem. Impossibilitado de se colocar desprotegido diante da fúria da natureza, ele precisa criar ambientes artificiais habitáveis.

A limpeza é o diálogo com a natureza. Dessa maneira, o modo de vida atual — como, por exemplo, em construções herméticas com ar-condicionado, que mantêm a temperatura constante seja verão ou inverno — enfraquece essa comunicação. Se nos acostumarmos a viver nessas condições, nosso corpo e espírito irão enfraquecer. Fortaleça-se no calor do verão e no frio do inverno. Suar enquanto limpa, sentindo a natureza em nossa própria pele, é o segredo para mente e corpo sãos.

Abra as janelas e conviva com a natureza, consciente da fraqueza inerente que nos impossibilita coabitar com as criaturas selvagens. Sinta a gentileza e a agressividade da natureza, grato pela insustentável força da vida.

Todas as manhãs, abra as janelas e dê boas-vindas ao ar puro.

Insetos

No budismo, existem cinco preceitos a serem obedecidos, e o primeiro — e mais importante — é o de não tirar a vida. Todas as formas de vida estão conectadas e todas são igualmente valiosas. Não se deve ferir nem matar de forma arbitrária. Porém, por sermos humanos, precisamos abater animais e colher vegetais para sobreviver. Assim, devemos desenvolver sentimentos de culpa e gratidão e, na medida do possível, procurar meios de preservar os demais seres.

Um dos pilares do respeito à vida está na faxina. Os insetos surgem em busca de alimento e de locais seguros para a construção de ninhos e casulos. Derrubar comida da mesa, acumular louça e não recolher o lixo são formas de atrair insetos. Limpe, lave e guarde após cada refeição e não precisará matar um único inseto. É importante criar um ambiente que impeça sua multiplicação. Baldes virados para cima acumulam água da chuva e se tornam hábitat para a proliferação de larvas de mosquitos —

guarde-os virados para baixo. Não tenha vasos e recipientes grandes: reponha a água em intervalos regulares e, assim, preservará um ambiente higiênico.

Cupins e marimbondos são insetos que, caso negligenciados, oferecem perigo. Seja diligente na hora de podar as plantas e mantenha os ambientes arejados, evitando o acúmulo de umidade e a consequente aparição de casulos. No período da ceifa, se atente ás folhas e excrementos, certificando-se que não abrigam ninhos de vespas ou taturanas.

Com os cuidados necessários, humanos e insetos podem coexistir em harmonia.

Rotatividade

Nos templos, as tarefas são distribuídas entre todos, havendo rotatividade em intervalos regulares. Isso se chama *tenyaku* (mudança de papéis). O cozinheiro de ontem será o jardineiro de hoje, de modo que os monges vivenciam o monastério por completo.

Embora o ascetismo passe a imagem de monges solitários e calados, a verdade é que a faxina no templo é um trabalho de equipe que exige atenção constante aos demais. Ela desperta a consciência individual e integral — progredimos na limpeza de forma equilibrada e, quando possível, auxiliamos o próximo. Deve-se fazer a faxina de cima para baixo, e estar atento ao processo completo antes de definir o que vai fazer: caso o colega execute a limpeza ali, você a executa em outro lugar.

No templo, o descuido individual recai sobre o grupo, que deve permanecer ajoelhado por um longo período em um aposento com piso de madeira, com as mãos em prece. Trata-se de uma oportunidade para aprender que, assim como na vida, sua existência não envolve apenas você. Não cabe a apenas um a tarefa, todos devem estar cientes da responsabilidade. Na faxina, divida as tarefas entre os membros da sua família e aplique o sistema de rotatividade. Assim, executarão suas funções individuais conscientes do todo. Passa-se a respeitar e valorizar o trabalho alheio. O marido que toma por natural a esposa lhe preparar as refeições passa a admirá-la ainda mais quando se vê incapaz de preparar uma simples sopa. As atividades cotidianas se tornam uma oportunidade de enternecer um espírito inflexível.

O sistema de alternância também é eficaz na criação dos filhos. É claro que os adultos conseguem fazer a limpeza melhor e mais rápido sem a interferência das crianças, porém distribua as tarefas entre os filhos sempre que possível. Os laços familiares são os mais fortes que existem, e a faxina é uma ótima oportunidade para aprofundá-los.

Meteorologia

No templo, existe um universo de tarefas internas e externas, essas últimas reféns dos dias chuvosos. Nessas circunstâncias, só resta esperar o céu clarear. As atividades são pautadas no ritmo da natureza. Quando chove, dedicamo-nos a polir os vidros, remendar as portas corrediças de papel e remover a fuligem. No dia seguinte à estiagem, a terra se encontra moderadamente úmida e o mato fácil de arrancar: é o momento ideal para a faxina externa.

Das 24 horas do dia, os monges afirmam que o ideal é dedicar um terço à limpeza, porém a faxina que almeja o aperfeiçoamento espiritual é infinita. Se procurarmos, sempre encontraremos algo para limpar.

Em dias chuvosos, abandone a ideia fixa de que é preciso limpar a área externa custe o que custar. Cultive um espírito flexível e cuide das coisas em harmonia com as oscilações da natureza. Dedique-se a consertar objetos danificados. Procure por sua casa e certamente encontrará algo que precise de reparo.

Não deixe para amanhã

O termo budista *zengo saidan* significa viver plenamente o presente, despreocupado do passado e do futuro. Não lamente o ontem nem anseie o amanhã, concentre as energias no agora e não haverá arrependimentos e frustrações.

O ser humano moderno, sempre muito ocupado, volta para casa exaurido do trabalho e só deseja relaxar no banho, jantar e dormir. Na manhã seguinte, em vez de revigorado, acorda com o ônus do dia anterior — bagunça, louça suja e roupa para lavar —, o que o deixa deprimido. A depressão, aliás, se insinua na noite anterior, quando o indivíduo adormece preocupado com as coisas que deixou para fazer e que perturbarão seu sono. Não duvido que existam casos de pessoas que chegam a sonhar com as tarefas domésticas e, ao despertar, percebem que terão que refazê-las, agora no mundo real.

Zengo saidan. Não lamente o passado, não anseie o futuro e viva cada dia de forma plena. Bagunçou?

Arrume imediatamente. "Amanhã eu faço", "Estou com isso na cabeça desde ontem" — não deixe as sementes do desequilíbrio germinarem em sua mente. **Se negligenciada, a sujeira do espírito se torna difícil de remover. Não adie e viva cada dia de forma plena e agradável.**

Parte 2

Utensílios

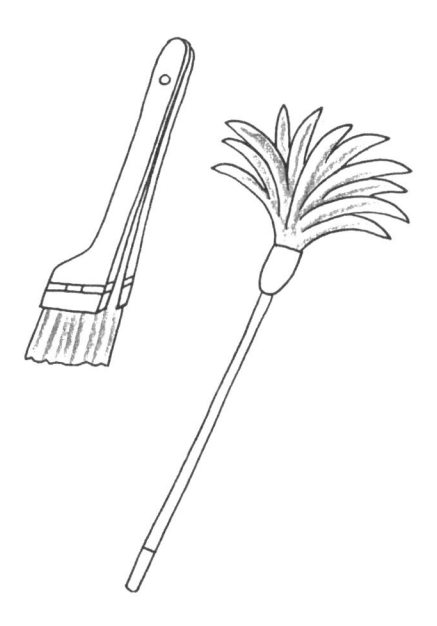

Samue

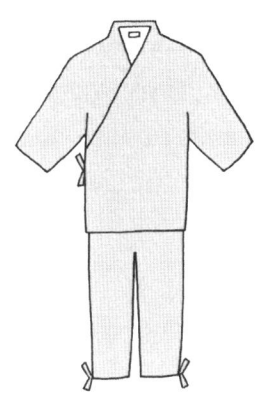

Nas tarefas cotidianas do templo, os monges vestem quimonos *samue*, que proporcionam liberdade de movimento e são fáceis de lavar, tornando-se peças essenciais na faxina, em trabalhos administrativos e em pequenas incumbências nos arredores. Em ofícios religiosos, troca-se o *samue* pelo hábito *koromo*.

Prefiro cores sóbrias, como índigo ou preto, mas existem *samue* de tons alegres, ao encontro do gosto pessoal de cada monge. São quimonos simples, que não adquirem aparência de velhos mesmo com o passar do tempo. No verão, caem bem *samue* de linho suave, enquanto o inverno requer *samue* grossos de algodão.

Escolha seu *samue*

No verão, opta-se por modelos de mangas retas e sem punhos; no inverno, os quimonos têm elástico nos punhos, a fim de proteger do frio. Quanto mais bolsos, melhor. Para a faxina, evite *samue* luxuosos, confeccionados com materiais de alta qualidade — prefira tecidos duráveis e fáceis de lavar.

Modo de lavar

Samue feitos de algodão podem ser lavados em casa. Para evitar que enruguem, espere até que estejam secos, e então bata no tecido com as mãos espalmadas, como se aplaudisse.

Tenugui

Ancestrais, as toalhas *tenugui* podem ser consideradas testemunhas oculares da história do Japão. O que é alguém vestindo *samue* puído e *tenugui* na cabeça? Um monge no momento da faxina! Plenamente justificável: basta enrolar com vontade uma *tenugui* na cabeça para nascer um ímpeto que nos faz exclamar: "Certo! Vamos nessa!". Ainda assim, muitos monges modernos abrem mão das *tenugui* — feitas de algodão, com 30 cm de largura por 90 cm de comprimento — em favor das toalhas contemporâneas, de tecido felpudo.

Os monges do templo Eihei, o principal da escola Soto de zen-budismo, denominam *samuta* a toalha utilizada na faxina e, como os demais, enrolam-na na cabeça no momento da limpeza das áreas externas. Isso porque suas cabeças, sensíveis por serem raspadas, demandam proteção — caso se choquem contra um galho, a quina de uma janela ou a de uma porta corrediça, ferem-se com facilidade.

Aconselho as mulheres de cabelos longos a prendê-los.

Modo de lavar

Em geral, não há restrições. Atente somente às *tenugui* tingidas, que, sob o risco de desbotar, devem ser lavadas separadamente, à mão. Assim que o excesso de tinta sair, não há mais riscos. Secam bastante rápido e, mesmo possuindo apenas uma, é possível utilizá-la todos os dias na faxina. Gastas pelo uso, as *tenugui* adquirem textura agradável.

Setta

Calçados dos monges? São os *setta*, claro. Essas sandálias de palha com tiras, criadas na época do mestre de cerimônia do chá Sen no Rikyû, possuem solas reforçadas com couro que evitam o desgaste dos calcanhares e possibilitam caminhar na neve e chapinhar na água. Além de combinar com os *samue*, as *setta* exercitam e enrijecem os pés, por isso são recomendadas para as tarefas cotidianas no templo.

Cresce o número de usuários de *nunozôri*, as sandálias de dedo feitas a mão. **VESTIR NOSSAS PRÓPRIAS CRIAÇÕES É ALGO BOM.**

Nunozôri

Para a confecção de *nunozôri*, utilize tecidos usados, cordão resistente, tesoura, clipes, espátula de bambu e solas vendidas em lojas. Caso encontre dificuldades, existem cursos em centros culturais e tutoriais na internet.

Luvas e meias

As luvas *gunte* e as meias *gunsoku*, ambas de algodão, são indispensáveis para a limpeza das áreas externas. Além de proteger mãos e pés, ainda proporcionam liberdade de movimento.

Deixe as luvas sujas e elas ficarão encardidas. Tão logo encerre a faxina, lave-as ainda vestidas, com água e sabão, como se lavasse as mãos. Torça-as e as coloque para secar — elas permanecerão sempre asseadas.

As *gunsoku* possuem separação entre o dedão e os demais dedos do pé, característica bastante conveniente na hora de calçar as *setta*. Opte por meias com dedos e calcanhares na cor cinza e transmitirá uma sensação de higiene, posto que a sujeira ficará camuflada.

Gunte e *gunsoku*

As luvas e as meias evitam que nos sujemos de barro e previnem cortes provocados por espinhos e cacos de vidro. No interior do templo, os monges não vestem *gunte* e *gunsoku*: permanecem com mãos e pés nus ou calçam meias de algodão.

Vassoura e pá de lixo

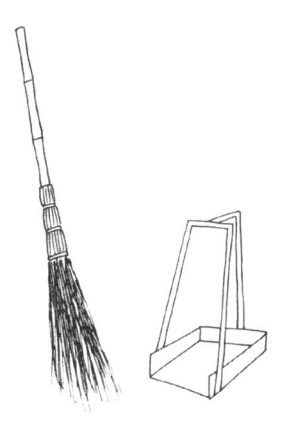

Há muito tempo, vassouras e pás desempenham um papel fundamental na limpeza: não ocupam espaço, prescindem de eletricidade e estão sempre à mão. São leves, fáceis de transportar e necessitam de manutenção básica. Trata-se de utensílios excepcionais.

Para ambientes internos, vassoura pequena e pá de zinco simples. Para ambientes externos, vassoura com cabo de bambu — tamanho entre médio e grande, perfeita para varrer folhas caídas — e pá também grande, própria para jardins.

Vassoura

Houve monges que alcançaram a iluminação apenas com o ato de varrer.

Pá de lixo

Pás de zinco são ancestrais, leves e duráveis. Podem ou não possuir tampa. No Japão, são conhecidas como *bunka chiritori*, ou "pá de cultura".

Pano de chão

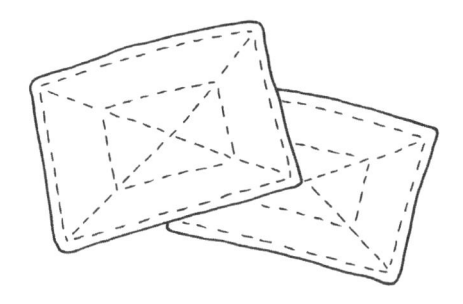

Antes, os panos de chão eram caseiros, feitos com tecidos velhos ou toalhas dobradas e cosidas. Hoje, costuma-se comprá-los industrializados. Como máquinas de costura se tornaram peças de museu, a mudança de costumes é inevitável. Porém, sempre que possível, recomendo confeccionar os objetos de forma artesanal.

No início, os ascetas budistas vestiam hábitos ancestrais, remendados com tecidos usados. Vesti-los era um antídoto eficaz contra a vaidade e o orgulho, purgando o coração de sentimentos mundanos e nocivos.

Panos de chão são utensílios importantes: tente costurá-los você mesmo, com toda dedicação.

Pano de chão

No budismo, reutilizar os objetos é um fundamento. Jamais fabricamos panos de chão com tecidos novos, mas sim com aqueles que já cumpriram suas funções originais. A alma do budismo reside em valorizar os utensílios até seu instante derradeiro.

Balde

A água é uma dádiva, a matéria-prima natural por excelência. Aos baldes, receptáculos de água, é devido o máximo de cuidado.

Utilize a água da chuva para a faxina das áreas externas e reserve a água do banho para limpar os aposentos da casa — a água é um bem precioso, sempre faça o melhor uso dela. Quando fizer a limpeza com pano úmido, não coloque o balde em contato direto com o piso, pois ali ficará uma marca circular — coloque o balde sobre um pano de chão. Também atente para não derramar água quando torcer o pano.

Balde

Antigamente fazia-se amplo uso de baldes de lata, leves e convenientes, porém são propensos à ferrugem. Quando terminar de usá-los, portanto, seja zeloso na hora de guardar, secando-os e devolvendo-os aos seus lugares originais.

Escova e espanador

Objetos frágeis e delicados, como artefatos de madeira laqueada ou portas corrediças de papel *shôji*, demandam o toque sutil das escovas. O acúmulo de poeira nas armações dos *shôji* é comum e sua limpeza nada fácil: o papel inviabiliza panos úmidos, enquanto o pano seco, se passado de forma displicente, espalha o pó e deixa o *shôji* com aparência ainda mais suja.

Com a escova não há esse problema. Remova a poeira com cuidado e prescindirá do pano. Objetos de grande valor que exigem cuidado especial — a imagem do Buda e a tabuleta memorial, por exemplo — devem necessariamente ser limpos com escova e espanador. Junte as palmas das mãos, faça reverência e então remova a poeira delicadamente, de cima para baixo, como se acariciasse os objetos.

Para altares folheados a ouro, utilize os espanadores japoneses feitos a mão, que evitam ranhuras e desgostos.

Escova e espanador

Os artesãos japoneses herdaram a técnica para manufaturar escovas de qualidade superior. Quando utilizá-las, entre em sintonia com os espíritos dos seus criadores e execute uma faxina cuidadosa. Escovas de pêlos longos facilitam a limpeza das arestas entre o teto e as paredes. Remova a poeira sempre no sentido norte-sul.

Foice, tesoura e pedra de amolar

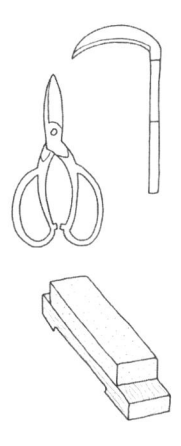

Utensílios indispensáveis para a limpeza do jardim. Tão logo termine de utilizá-los, limpe-os e os recoloque no lugar. Não esqueça sua manutenção — daí a importância da pedra de amolar.

Esquecidas sujas de barro, foices e tesouras de poda acabam com as lâminas enferrujadas. Antes de guardá-las, lave-as com capricho e remova qualquer indício de lama, secando bem. Afie a foice com a pedra e deixe-a pronta para o próximo uso. Caso trabalhe com uma foice cega, dispenderá força desnecessária, acabará cansado além do limite e poderá se machucar.

Deixe as ferramentas em ordem e faça uma poda agradável.

Foice

Nem muito grande nem muito pequena: escolha uma foice de tamanho médio, de manuseio fácil e adequada à sua compleição física. Ao manejá-la, não segure com a mão inteira, envolva o cabo com os dedos anelar e mínimo, de forma suave.

Tesoura

Faça a poda com o mesmo cuidado dispensado a um filho. Tenha um panorama das plantas e harmonize as partes em desacordo. Em seguida, procure detalhes a serem corrigidos.

Pedra de amolar

Caso a mó esteja danificada, pode arruinar a lâmina. Após o uso, lave-a em água corrente, seque bem e guarde-a envolvida em um pano.

Parte 3

Limpeza da cozinha, do banheiro e de objetos pessoais

Cozinha

O responsável pela comida em um templo zen é chamado de *tenzo*: "aquele que despertou um profundo desejo de iluminação". Em seus ombros recai a responsabilidade de um cargo muito importante. A função de *tenzo* exige um coração puro de pensamentos mundanos, que é a essência do ascetismo. Assim, deve cumprir as tarefas da cozinha com extremo cuidado.

Quando há eventos no templo, a comunidade auxilia no preparo das refeições, o que justifica o tamanho exagerado da cozinha — pias, panelas e cestos são imensos. Quando eu era garoto, a responsável pela culinária festiva no templo era a associação das mulheres. As voluntárias preparavam a comida na cozinha e no refeitório — como o *sukiyaki*, feito nos fogareiros embutidos em cada mesa —, e eu ansiava pela oportunidade de saborear pratos tão deliciosos.

A cozinha do templo sempre se encontra impecável; e seus utensílios, nos lugares adequados. Uma cozinha organizada permite ao *tenzo* começar imediatamente o trabalho, cheio de satisfação. O tempo de preparo também diminui, e a comida é servida com presteza, ainda quente. **Enquanto na cozinha, atente-se para detalhes como o abrir e fechar dos armários: se estiver com pressa e optar pela conveniência de manter as portas abertas, é sinal que seu espírito está preguiçoso. Feche a porta do armário toda vez que retirar algo. Isso previne o acúmulo de poeira na louça e a lassidão espiritual.**

A base da alimentação monástica é vegetariana. Não ingerimos carne vermelha e branca, além de não utilizarmos ingredientes de aroma pronunciado, como cebolinha e alho. Um amigo, monge e cozinheiro, consegue preparar um caldo delicioso feito somente com água, cogumelos *shiitake* e algas laminárias. Habituado a refeições centradas em vegetais e seus estímulos sutis, o paladar se torna mais sensível e passa a detectar nuances quase imperceptíveis, refinando-se. A culinária budista é centrada em pratos que se aproveitam do sabor natural dos alimentos sazonais, dispensando temperos exóticos e excesso de óleo, assim como grande quantidade de utensílios. Por esse motivo, a limpeza após o preparo é rápida e simples.

Faz-se o possível para evitar o lixo orgânico, aproveitando os ingredientes por completo. A folha do nabo, por exemplo, pode ser picada e utilizada como tempero, e sua casca serve para cozinhar um *kinpira* muito saboroso — basta cortá-la em pedaços bem finos, refogar com óleo de gergelim, acrescentar pimenta vermelha e temperar com molho de soja e um pouco de água. Se ao final de um preparo houver lixo orgânico, devolva-o à terra para se transformar em adubo. EXPERIMENTE MANTER HÁBITOS ALIMENTARES IGUAIS OU PARECIDOS AOS DOS MONGES E VOCÊ PERCEBERÁ SEU VALOR. QUANDO CONSTANTES, LIMPEZA E ORGANIZAÇÃO SE TORNAM UM PRAZER.

O *tenzo* introjeta os ingredientes das refeições e, assim, cria uma percepção em que matéria e espírito se fundem, realizando o ascetismo por meio da culinária. A comida é sazonal, suave e preparada com a melhor das intenções mediante utensílios limpos e ordenados.

Cultive uma cozinha imaculada que transmita uma sensação agradável.

LIMPEZA DA COZINHA ◇◇◇◇◇◇◇◇◇◇◇◇◇

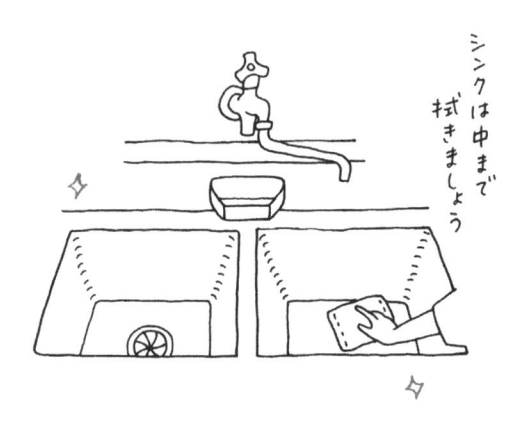

Pia ◇◇◇◇◇◇◇◇◇◇◇◇◇◇◇◇◇◇◇◇◇◇◇◇◇◇◇◇◇◇◇◇◇◇◇◇◇◇◇

Para evitar manchas de água em pias e torneiras, seque toda a área com um pano. Remova os restos de comida da rede de drenagem após cada refeição e jamais deixe o lixo para o dia seguinte.

Panelas ◇◇◇◇◇◇◇◇◇◇◇◇◇◇◇◇◇◇◇◇◇◇◇◇◇◇◇◇◇◇◇◇

Não deixe panelas de molho para retirar a sujeira grudada no dia seguinte. Sujou, limpou. Borrife água nas partes incrustadas — água quente é ainda melhor —, o que as fará desgrudar e vir à superfície. Em seguida, esfregue a panela com uma bucha de metal. Na pia, passe um pano com bicarbonato de sódio e enxugue.

Louça suja

Jamais acumule, sejam pratos, copos, talheres ou panelas. Para isso, sempre considere o processo completo de preparo das refeições (quais alimentos irá cozinhar e quais utensílios irá utilizar), eliminando etapas desnecessárias, e otimize o tempo ao lavar e ordenar a louça conforme cozinha — você economizará tempo e água. A quantidade de louça para lavar após as refeições também diminuirá, eliminando boa parte do aborrecimento.

Toalete

Não há aposento que melhor represente a casa que o toalete (*tôsu*). Ao recebermos visitas, nos preocupamos em arrumar a sala, cuidado que não se estende ao banheiro. Caso precise utilizá-lo, o convidado ficará sozinho em um ambiente bastante particular, e é fácil sua atenção se voltar aos detalhes. **Sujeira no assento, poeira no chão, papel higiênico quase no fim: se o ambiente estiver negligenciado e transmitir desconforto, a impressão da casa como um todo se compromete. Não apenas a casa, a hospitalidade do anfitrião também pode ficar manchada.**

Nos templos, é investida grande quantidade de energia ao toalete. Na escola Soto de zen-budismo existem os *sanmoku dôjô*, os três locais de silêncio absoluto: *sôdô*, local para meditar, comer e dormir; *yokusu*, para tomar banho; e *tôsu*, o toalete. Em comum aos três, a água.

A água é a essência da vida. Em uma residência, a água circula pela cozinha, banheiro, toalete e retorna à natureza. Por se tratar de ambientes em que circula a essência da vida, deve-se ser ainda mais escrupuloso no ascetismo. Acredita-se que foi em um banheiro que Ucchusma atingiu a iluminação. **Toaletes possuem alto poder purificador, de modo que a limpeza deve ser absoluta, sem resquícios sequer de digitais.**

Quanto às boas maneiras, os monges seguem algumas regras: manter o silêncio e a limpeza, por exemplo, são práticas ascéticas importantes. Muitos templos da escola Shin da Terra Pura possuem toaletes exclusivos para visitantes e, até hoje, nunca os encontrei sujos ou desordenados — encontram-se sempre impecáveis, havendo sandálias alinhadas à entrada. Neles, a limpeza pode ser sentida na pele, de modo que utilizar as instalações traz alívio e conforto. Imaculadas, as pessoas sentem-se impelidas a conservá-los assim, demonstrando, ainda, preocupação com o próximo — instintivamente, preservam-se os banheiros da forma que foram encontrados.

No templo Eihei, os monges utilizam o toalete descalços. Embora calcem sandálias no interior do templo, eles as deixam na entrada do banheiro. De acordo com um amigo monge, o *tôsu* do Eihei é tão limpo que é possível deitar no chão e, quando nele se adentra, o ar de solenidade nos faz sentir que executamos um ritual sagrado. Embora proporcione instantes de relaxamento, o toalete deve ser um ambiente relativamente intimidador, de modo a instigar em seus usuários a necessidade de mantê-lo limpo.

Limpeza do toalete

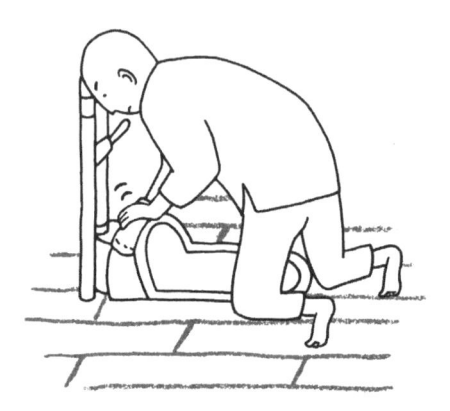

Se nos templos budistas a higiene dos toaletes é impecável, nos tempos zen-budistas ela vai além. A faxina é feita de manhã e à noite, no mínimo. Nos *tôsu* restritos aos monges, os assoalhos de madeira e os sanitários são rigorosamente esfregados com panos molhados torcidos, e os emaranhados de fios de lã restantes são apanhados com papéis ou panos limpos. A ponta do papel higiênico é dobrada em formato triangular.

O segredo para manter o toalete sempre limpo é não sujar. Após utilizá-lo, esforce-se para deixá-lo tão limpo quanto o encontrou (ou até mais) e, assim, preservar o estado de tensão necessário. Nos banheiros públicos, que acumulam rabiscos nas paredes e sujeira, o princípio é o mesmo: se estiver limpo, não será sujo; como não está sujo, se manterá limpo. Caso esse princípio entre em colapso, o banheiro se torna imundo em instantes. Antes de cobrar os demais, seja você o exemplo.

Casa de banho

Em geral, a casa de banho é o ambiente para tomar uma ducha, tirar a sujeira do corpo e imergir aliviado no ofurô, amenizando o cansaço acumulado no dia. Ela também é o *yokusu*, um dos três locais zen-budistas de silêncio absoluto. Nos templos zen, existem regras para o banho, devidamente transmitidas pelo monge veterano aos aprendizes, de modo a perpetuar o ambiente intimidante. A lavagem do corpo deve ser criteriosa, executada de joelhos e mediante água quente em um alguidar de madeira, a fim de não desperdiçar água. No templo, a casa de banho comporta até dez pessoas, porém o ideal é que, mesmo que cem pessoas utilizem o ofurô, sua água permaneça transparente como a de um rio.

Ao imergir no ofurô, faça-o em silêncio e de forma discreta. Chapinhar a água, além de desperdiçá-la, rompe a harmonia. O único acessório previamente disponível no *yokusu* é o alguidar, de modo que é necessário levar sabonete e toalha. Ao sair, deixe tudo em ordem: recoloque o alguidar no lugar e encoste a mangueira da ducha ao lado. Objetos ordenados transmitem tranquilidade.

Ambientes onde a água circula propiciam o despertar dos instintos, motivo pelo qual a sala de banho deve permanecer impecável, e nossos modos irrepreensíveis. Ao arrumar de forma escrupulosa locais com tendência à desordem, o espírito se assenta naturalmente. Ao adentrar uma casa de banho úmida, o espírito se torna melancólico; se o *yokusu* estiver embolorado, o espírito envelhece; caso lave o corpo de forma desmazelada, os pensamentos impuros permanecerão. Deixar sujo um ambiente onde a água, essência da vida, circula é estar sujo até o âmago. Os *sanmoku dôjô* estão diretamente ligados ao aperfeiçoamento espiritual — portanto, mantenha-os limpos.

Nosso comportamento deve ser puro; e a conduta de vida, flexível e transparente como a água. Desde o início de tudo, onde havia água, existia um caminho. Deixe a casa de banho impecável como se removesse a sujeira da alma.

Limpeza da casa de banho

Limpe o piso de modo que, mesmo ajoelhada, a pessoa se sinta bem. Com uma escova, esfregue e remova as incrustações — para materiais mais frágeis, opte por uma esponja. A sujeira de difícil remoção deve ser combatida com bicarbonato de sódio. No banho subsequente à limpeza, sentimo-nos tão relaxados que tendemos a cantarolar de alegria. Porém, que tal tomar o banho em silêncio ascético?

Roupa suja

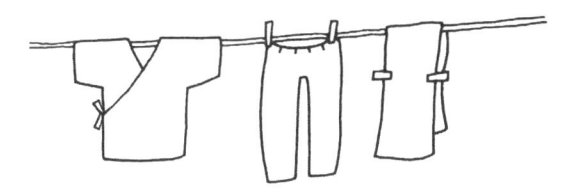

Hoje, não imaginamos a vida sem uma máquina de lavar, porém os antigos utilizavam sabão e lixívia como detergentes, e a roupa era lavada com tábua e bacia. Muitos templos já fazem uso de máquinas de lavar, embora as solas enegrecidas das meias *tabi*, por exemplo, ainda exijam lavagem manual.

Se a roupa estiver suja ou manchada, isso trará um desassossego que acompanhará o espírito no decorrer do dia. Caso não se importe, você parou de se preocupar com a aparência e se acostumou com o desmazelo, sinal de desordem espiritual. **Ao vestir uma camisa irrepreensivelmente branca, o espírito se fortalece. Remover manchas preserva seu vigor.**

Sob os hábitos pretos, as roupas de baixo dos monges são brancas. Além da sensação de limpeza, o motivo da escolha é desligar-se de qualquer adorno desnecessário: raspar a cabeça, não ser influenciado por modismos, observar regras e etiquetas, deixar de lado toda ostentação e cultivar a modéstia para, assim, abraçar o budismo. **É agradável vestir roupas de baixo brancas. Mesmo com cores sobrepostas, é como se a brancura emanasse da pele.** Caso não tenha esse hábito, experimente.

As pessoas, sem tempo, utilizam secadoras e, apressadas, vestem as roupas assim que secam, sem dobrá-las. É um método eficiente, sem dúvida. No entanto, economia de trabalho se reflete em aumento da preguiça. Aproveite a luz do sol e deixe a roupa secar de forma natural. No momento de trocar, pegue novas peças nos locais predeterminados no guarda-roupa.

Roupa suja é diária, então lave, seque, dobre e guarde todos os dias. Trata-se de uma rotina um pouco trabalhosa, mas que evita o acúmulo de roupa suja, o que torna a atividade maçante. **Faça o trabalho de um dia nesse mesmo dia. Mantenha esse hábito e sua vida tomará um ritmo que tornará qualquer sujeira fácil de limpar.** Seja negligente e realize as tarefas de acordo com sua disposição, e a estagnação se acumulará em seu espírito. O foco não são as roupas. A negligência, mesmo que pouca, torna-o indolente e fértil a desejos mundanos e pensamento impuros. Por isso, é preciso lavar a si mesmo.

Limpeza da roupa

QUANDO MOLHADOS, TECIDOS DE ALGODÃO ENRUGAM FÁCIL. PORTANTO, ASSIM QUE LAVÁ-LOS, BATA PARA DESAMARROTAR E ENTÃO COLOQUE PARA SECAR. NÃO ESTENDA AS ROUPAS SEM ANTES BATÊ-LAS COM AS MÃOS, POIS, DESSA FORMA, O PROCESSO DE LAVAGEM NÃO SE COMPLETA.

MANCHAS COMUNS NOS VESTUÁRIOS DOS MONGES SÃO AQUELAS DECORRENTES DE SUOR, CHÁ OU TINTA NANQUIM, estas provocadas pela desatenção. Molhe levemente a área manchada e esfregue com sabão — caso ela persista, o bicarbonato de sódio é um alvejante natural que a eliminará, sendo também eficaz contra manchas amareladas de suor. Como amaciante, utilize vinagre.

No templo, as peças lavadas não são colocadas para secar em áreas visíveis, mas nos fundos, em local ventilado, de modo a não nos constrangermos ao recebermos visitas.

Não acumule roupa suja. Mesmo em pequenas quantidades, lave e seque todos os dias.

Ferro de passar

Não se deve vestir roupas amarrotadas, de modo que, todos os dias, o espírito esteja em perfeito estado. Rugas simbolizam a velhice. Monges de 80 ou 90 anos que mantêm o espírito vigoroso também o demonstram na aparência, ostentando poucas rugas. O corpo influencia o espírito e o espírito influencia o corpo. Passar a ferro preserva o espírito jovem.

Evite que as roupas passadas formem novos vincos, dobrando-as com cuidado.

Passar a ferro

Faça-o com esmero, como se desejasse desamarrotar o espírito. Aliás, os monges utilizam o ferro de passar de forma inusitada: dispõem papel japonês ou folhas de jornal sobre a cera de vela derramada no piso e então colocam o ferro quente sobre o papel. É milagroso! A cera sai completamente! Caso a cera derrame na roupa, o processo é idêntico: coloque papel por cima, passe o ferro e a cera penetrará no papel, desgrudando do tecido.

Sempre manuseie o ferro com cautela.

Koromogae

É cada vez maior o número de pessoas que não praticam o *koromogae*, a troca sazonal de roupas. Isso porque as roupas atuais podem ser vestidas o ano todo e seu baixo custo possibilita o descarte a cada estação. Portanto, nada mais racional que abolir a prática. Contudo, existe algo que transcende a lógica no *koromogae*: ele pontua o momento de renovar o espírito e a forma como nos relacionamos com o mundo. Ao abrir mão da troca sazonal de roupas, acaba-se vivendo o ano inteiro de forma estática.

O *koromogae* é o evento que encerra cada estação. É o momento de sentir-se grato pelas roupas que tanto se esforçaram em lhe vestir durante os últimos meses, lavá-las e secá-las com carinho. Não as guarde sujas, acreditando não haver problema lavá-las somente no ano seguinte, quando voltarão a ser úteis. Para estar vestido com o melhor estado de espírito em qualquer estação, vale um dos fundamentos da faxina: jamais postergue para amanhã.

O guarda-roupa de um monge possui roupas de verão e de inverno. Na escola Shin da Terra Pura, o *koromogae* acontece em 1º de junho e 1º de outubro. Antes da troca, lavam-se as roupas da estação que se despede — caso as guarde com sujeira ou suor, o odor irá entranhar e o tecido se tornará mais atraente às traças. Também se aproveita a ocasião para remendar as peças, já que os hábitos dos monges, utilizados por longos períodos, costumam ter os cordões desgastados e as barras descosidas. Após uma última e escrupulosa checagem, as roupas finalmente são guardadas.

Armazenar as roupas

Para combater as traças, faz-se uso frequente de incensos inodoros — comercializados desde tempos remotos —, cânfora ou de um repelente natural extraído do cipreste. Recomendo cômodas de paulóvnia — há quem diga que esse material dispensa o uso de repelentes. Trata-se de um móvel caro, porém duradouro e de ótima qualidade, que pode ser transmitido por gerações.

Todo ano, a mãe do sacerdote-chefe do templo Kômyô reflete sobre o *koromogae*, sentindo o fluir do tempo por meio das estações. Sempre que a primavera, o verão, o outono e o inverno terminam, somos tomados por um profundo sentimento de gratidão.

Utensílios de refeição

No templo, os utensílios são bastante simples. Utiliza-se a quantidade mínima necessária de itens duráveis e de fácil reposição, como tigelas de cerâmica para o arroz e de charão para a sopa. Optamos por objetos agradáveis às mãos, mesmo que mais caros — dessa forma, duram décadas. Na eventualidade de quebrarem, trata-se de produtos de grande apelo ao consumidor, de modo que lojas e fabricantes sempre os têm em estoque.

Não é possível sobreviver sem alimento, e os utensílios para refeição são os intermediários entre a comida e o corpo, importantes mediadores da vida que, mais que os demais objetos, devem ser manuseados com carinho.

Os monges zen fazem as refeições sob severo protocolo, utilizando um conjunto de tigelas chamado *ôryôki*. Trata-se de *pātra*, tigelas de metal, cerâmica ou laca encaixadas umas nas outras que, dependendo da escola, chegam a três, cinco ou seis unidades. Acompanham o *pātra*: pano de prato, *hashi*, colher, espátula e *fukusa*, o pano de seda que embala o conjunto. No momento da refeição, os monges retiram os utensílios do *fukusa*, dispõem-nos sobre a mesa e calmamente aguardam a vez de serem servidos. Cada uma das três refeições do dia pede uma tigela específica. A maior é chamada de *zuhatsu* e representa a cabeça do Buda, não podendo ser disposta diretamente na mesa — de modo que uma tigela menor cumpre a função de pires. No instante em que o encarregado de servir os alimentos se coloca diante do monge da vez, este junta as mãos em prece, oferece-lhe as tigelas e recebe arroz, sopa e conserva de vegetais. O refeitório é o *sôdô*, o último dos *sanmoku dôjô*, e nele os monges permanecem em silêncio absoluto.

A COMIDA É UMA DÁDIVA E, COMO TAL, NÃO DEVEMOS DESPERDIÇÁ-LA. AO ATINGIR A QUANTIDADE SUFICIENTE, O MONGE SINALIZA ESTAR SATISFEITO.

Vale ressaltar que monges zen não lavam os utensílios da refeição. A limpeza ocorre da seguinte maneira: da maior para a menor tigela, vertam água quente; com o auxílio de uma espátula laqueada, recolhem qualquer sobra de comida nas tigelas; então, bebem aquela água e secam os utensílios com o pano de prato.

Nos templos zen, derrubar um utensílio para refeição é incorrer em falta grave e exige um pedido de desculpas aos monges veteranos. Derrubar é considerar o objeto desimportante. Eles devem ser manuseados com ambas as mãos e muito cuidado — conduta embutida de imensa beleza e refletida no comportamento dos monges.

Shakutei no ichi zansui. Nagare wo kumu senoku no hito.
(A gota no fundo da concha sacia tantos bilhões.)

Mesmo uma gota de água conserva a vida de inúmeras pessoas. Que, a partir dela, expandamos nossa consciência. Não cometer excessos nas práticas cotidianas ultrapassa o ecologicamente correto: para eliminar as

IMPUREZAS DO ESPÍRITO, É PRECISO ABRIR MÃO DE TUDO QUE É REDUNDANTE. Utilize os mesmos utensílios quando receber convidados, seja comedido no uso do detergente e, para tábuas de cortar e afins, empregue bicarbonato de sódio. Sempre que possível, opte por produtos naturais que conservem sua saúde e a do meio ambiente.

Sempre manuseie com cuidado objetos mediadores da vida.

Ôryôki

O CONJUNTO DE SEIS TIGELAS É EMPREGADO EM PRATICAMENTE TODAS AS REFEIÇÕES. AS MEDIDAS DIFEREM LIGEIRAMENTE E, COMO PODEM SER ENCAIXADAS, TORNAM-SE COMPACTAS.

Acompanhamentos

Guardanapo de pano para dispor sobre as coxas, pano de prato branco, toalha de mesa individual, espátula, colher, *hashi*, envoltório para os talheres, placa de madeira retangular para suporte das tigelas, *fukusa*.

Reparos

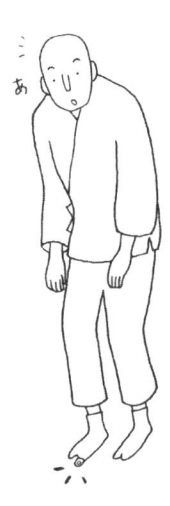

Impossível evitar que os objetos se desgastem. No entanto, o desgaste se dá quase sempre em um local específico que, consertado, garante mais algum tempo de uso.

Um dos fundamentos da vida monástica é reparar os objetos. Os monges do templo Eihei se dedicam à restauração dos pertences (roupas descosidas, por exemplo) nos dias com numerais 4 ou 9. Inspire-se neles e faça o mesmo.

No dias de hoje, objetos idênticos abarrotam o comércio, de modo que quase tudo pode ser substituído, incentivando a troca em lugar da manutenção. É fácil e rápido. Contudo, essa filosofia de vida acabará por extravasar e influenciar o relacionamento com as pessoas, corroendo o espírito. Enquanto houver vida nos objetos, utilize-os. Cuide deles com carinho e faça os reparos necessários. A forma de encará-los se transformará, assim como o modo de enxergar o próximo. Dessa forma, o espírito reaverá a serenidade. **Desista da busca desenfreada por novidades e dedique-se por longos anos aos objetos que já possui — faça isso e naturalmente tratará as pessoas com carinho. Restaure peças descosidas e restaurará relações humanas desfeitas.**

Caso o defeito seja irreparável, tente adaptar o objeto para outra função: um alguidar com vazamentos ainda guarda energia para ser um vaso de plantas; uma vassoura de bambu desgastada pode fazer par com outra e se tornar uma perna de pau. Pessoas obcecadas por artigos novos são indivíduos rendidos às paixões mundanas e desprovidos de liberdade. Restringir-se a poucos itens e deles extrair o máximo é possuir um espírito livre.

Que tipo de existência você escolhe para si?

Tigelas e afins ◇◇◇◇◇◇◇◇◇◇◇◇◇◇◇◇◇◇◇◇◇◇◇◇

Rachaduras em cerâmica podem ser restauradas em lojas especializadas, que restituem sua beleza original com ouro e prata. Quando se aperta os parafusos de panelas e chaleiras, elas podem eventualmente quebrar. Ainda assim, é possível recuperá-las.

Roupas ◇◇◇◇◇◇◇◇◇◇◇◇◇◇◇◇◇◇◇◇◇◇◇◇◇◇◇◇

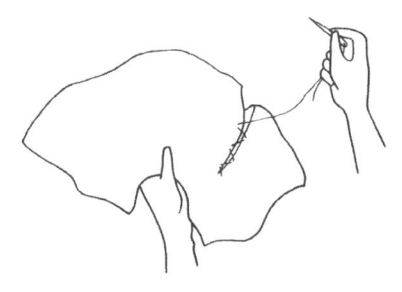

Quanto mais queridas, maior o uso e mais rápido o desgaste. Nesses casos, transforme duas peças danificadas em uma nova. No caso de furos, basta costurar.

Livros

Páginas manuseadas em excesso se rasgam — é só remendá-las. Caso seja um rasgo sutil, use fita adesiva própria para livros; mas se a obra estiver em condições precárias, busque o auxílio de um especialista.

Desodorização

O perfume dos incensos apascenta os templos, cujos aposentos, sempre asseados e sem excesso de objetos, conservam o perfume mais pronunciado.

A base da desodorização é a troca de ar. Ao ventilar os ambientes sempre, você sente o vento imediato. Viva o momento presente. Cultive esse hábito e renovará o espírito, além de diminuir a irritação.

Como eliminar os odores

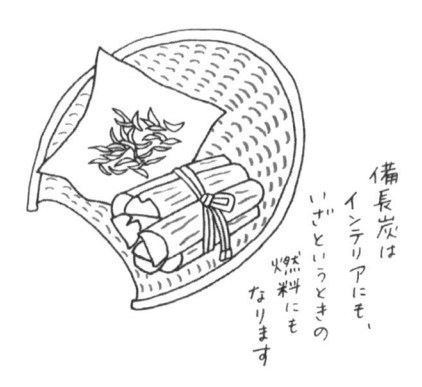

O aroma que exala do templo vem de desodorizantes naturais como carvão e chá verde. Além de bonito, o carvão *binchô* pode ser utilizado como combustível nos momentos críticos — os melhores são os produzidos em Kishû e Tosa. Flores e frutas da estação, usadas para a decoração de interiores, desodorizam assim como pó de café e folhas de chá verde usadas — basta colocá-los em banheiros e sapateiras.

Mofo

Como surge o mofo?

O mofo é um ser vivo, por isso busca locais que tornem sua existência confortável — no caso, aposentos com pouca luz solar, ventilação restrita e bastante umidade. Ambientes com poucos móveis são hostis ao mofo. Ao possuir excesso de objetos, torna-se impossível organizá-los, a luz do sol acaba obstruída, o vento deixa de circular e a umidade prolifera. Eis que aparece o mofo. Possuir coisas em demasia é prenúncio de desordem e o surgimento do mofo sinaliza que o espírito se tornou negligente e descuidado.

O antídoto ao mofo é não ter objetos desnecessários. Desfaça-se do que for inútil e mantenha as coisas ordenadas e secas. Tenha especial cuidado com os utensílios que irão compor os ambientes onde circula a água, de modo a eliminar a umidade. Nos herméticos edifícios modernos, a umidade se condensa e gotas de água se formam nas janelas, tornando o ambiente propício ao mofo. Limpe as janelas de forma escrupulosa e, caso seque-as por completo, é dispensável o uso de *sprays* bactericidas.

O mofo contamina o espírito. Esteja atento à umidade e sempre mantenha os aposentos limpos.

Métodos antimofo

REGRAS MAGNAS PARA A ERRADICAÇÃO DO MOFO: NÃO POSSUA O QUE NÃO PRECISA; VENTILE E SEQUE AS ÁREAS PROpensas à umidade. Não nutra ambientes propícios ao mofo e ele não nascerá em seu espírito. Mantenha a organização, e um sentimento agradável nascerá em seu coração.

Parte 4

Limpeza da casa

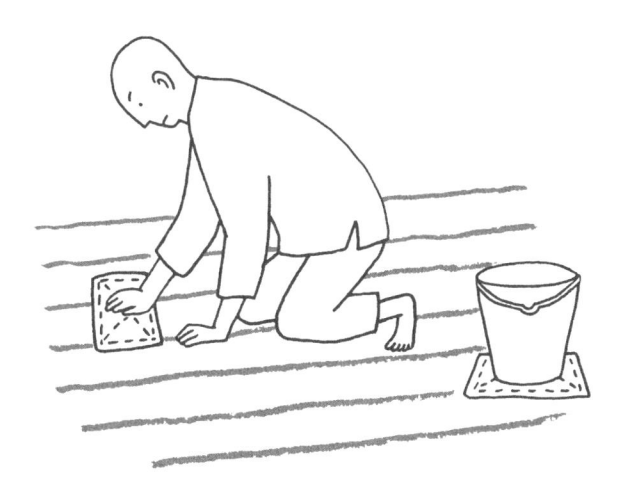

Assoalho

No templo, lustrar o assoalho é fundamental e não há um dia no ano em que os corredores não sejam limpos. Construído há séculos, o piso de madeira escureceu — mas, polido diariamente durante centenas de anos, adquiriu a transparência de um fóssil liso. Ao visitar um templo bem-cuidado, por mais que se caminhe em seu interior, a sola das meias brancas jamais ficam sujas. Lustrar o assoalho é uma forma de ascetismo. Não importa o quão impecável, o assoalho é limpo todos os dias. Ao lustrar, o monge também lustra o próprio espírito.

"Qual o sentido em lustrar algo que já está limpo?", talvez você pense. Polir o assoalho transmite a verdadeira compreensão da limpeza espiritual. As impurezas se acumulam no corpo e bagunçam a mente, e isso se reflete na sujeira que surge nos aposentos. Se encontrar qualquer nódoa no momento de limpar o assoalho, é sinal que seu espírito está em desordem. Ao ser capaz de projetar a confusão mental no ambiente, e certificar-se da sua inexistência caso este esteja imaculado, você consegue administrar seu estado de espírito. A poeira se acumula mal a casa foi limpa; as folhas secas caem no jardim recém-varrido. Com o espírito é igual: no instante que acreditamos estar imaculados, os pensamentos impuros voltam a surgir.

O apego ao passado e a ansiedade pelo futuro nos distanciam do presente, por isso os monges concentram toda a energia quando lustram o assoalho. A faxina é uma tarefa que converge tudo ao agora. Assim, há uma razão maior na obsessão em conservar os aposentos agradavelmente limpos. O templo Jissô, em Quioto, é famoso pelo assoalho escuro que espelha as folhas de outono — quanto lustro foi necessário para ele refletir imagens?

Lustre o piso como se polisse o espelho que reflete sua alma.

Lustrar o assoalho

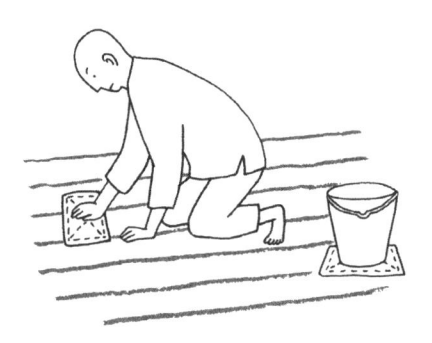

Varra o assoalho e então limpe-o com um pano úmido torcido, esfregando sem interrupção. Não é necessário detergente, tampouco pano seco — um pano bem torcido praticamente não retém umidade. No momento de lustrar, não pense em nada, apenas concentre-se na tarefa. Se estiver sozinho, volte-se para dentro de si; caso seja uma limpeza em grupo, atente-se aos movimentos dos demais, harmonizando seu trabalho com o todo.

Tokonoma e sala de visitas

Desde o período Edo, o *tokonoma* é um importante símbolo de aposento japonês: na parede, um pergaminho com caligrafia ou pintura; embaixo, um vaso de flores e um incensário; na prateleira, um ornamento simples. Porta de entrada para a sala de visitas, o *tokonoma* deve ser estruturado segundo as estações do ano.

Quando recebemos convidados, devemos ser o mais zelosos possível pelo *tokonoma*. Não deixe as áreas difíceis de enxergar passarem desapercebidas. Afinal, a visita poderá escrutinar o aposento. Mesmo invisíveis, a sujeira e a desordem permanecem na atmosfera. Esconda a bagunça dentro do armário e, mesmo assim, o caos emanará para o ambiente. Limpe locais de difícil acesso, como a pequena janela localizada acima da porta, e verifique todos os cantos.

Confira se não há poeira, objetos desnecessários à mostra e se tudo está no lugar. Lembre-se dos itens que compõem o *tokonoma*: doces em quantidade suficiente, água quente na garrafa térmica e almofadas. É o mínimo para agradar o convidado, que deve deixar nossa casa com boas recordações.

EM VISITAS DE NEGÓCIOS OU ESTUDOS, OFEREÇA UM AMBIENTE QUE NÃO DISPERSE A ATENÇÃO E PROPICIE O DIÁLOGO. NO TEMPLO, ISSO É CONSIDERADO O ÁPICE DA HOSPITALIDADE. CASO HAJA POEIRA OU MARCAS DE DEDOS NA JANELA, O ESPÍRITO SE DESESTABILIZA E A CONVERSA EMBOTA. TAMBÉM EVITE ORNAMENTOS VISTOSOS, PREFERINDO OBJETOS DE BELEZA SIMPLES QUE TRANSMITAM PRAZER ESTÉTICO. O IDEAL SÃO ITENS QUE APASCENTEM O ESPÍRITO DO CONVIDADO.

Que nos relacionemos com a visita de forma natural, é essa a hospitalidade que almejamos.

Limpeza do tokonoma

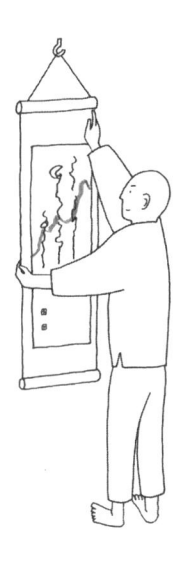

Limpe o *tokonoma* com um pano seco, seguido de um úmido. (Caso esfregue com afinco com o seco, o segundo não será necessário.) Então, decore com flores simples e um pergaminho em harmonia com a estação.

Butsuma

Costumo visitar a casa das pessoas para recitar o sutra. Nessas ocasiões, sou conduzido desde o hall de entrada pelo corredor e sala de estar até o *butsuma*, a sala do altar (*butsudan*) — dependendo da casa, o *butsuma* se localiza logo após o hall de entrada. Existem diversos *layouts* de residências, porém muitas compartilham de uma lamentável semelhança: um *butsuma* negligenciado. Demonstrando grande descaso, entulham o aposento com bicicletas ergométricas seminovas e objetos supérfluos que acumulam poeira. O local se converte em depósito.

Muitos acreditam que o *butsudan* serve apenas como objeto de reverência aos antepassados, mas ele também abarca o louvor ao Buda. Ele é um santuário em miniatura dentro de casa. Considere-o um local de apoio espiritual e expresse sua gratidão por receber o Buda em seu lar. Com uma das mãos em prece, faça a oferenda de arroz em horários determinados — de manhã ou à noite —, e assim passará o dia com o coração tranquilo.

Se o *butsudan* é o santuário, o *butsuma* é o templo. Se estiver sujo ou bagunçado, sua vida está em desordem. Considerando que o *butsuma* é o templo pessoal, é necessário que esteja mais limpo que os demais aposentos.

Limpeza do butsuma

Como o *tokonoma*, o *butsuma* deve ser simples. Faça dele um ambiente calmo e propício para oração.

Incensário

Nivele as cinzas com a pá e, quando estiverem encaroçadas com pontas antigas de incenso, faça uso de uma peneira específica. Ao afofar as cinzas, o incenso voltará a queimar por inteiro.

Imagem do buda e placa memorial

Não esfregue as partes folheadas a ouro com os dedos ou com o pano. Remova a poeira suavemente com um espanador.

Butsudan e objetos cerimoniais

Objetos extremamente delicados, os utensílios de metal ou pintados devem ser limpos de forma cortês com um pano macio — caso utilize pano áspero ou polidor, acabará desbotando-os. Tenha um pano exclusivo para o *butsudan* e, quando cuidados especiais se fizerem necessários (lavagem, por exemplo), contate um especialista.

Shôji

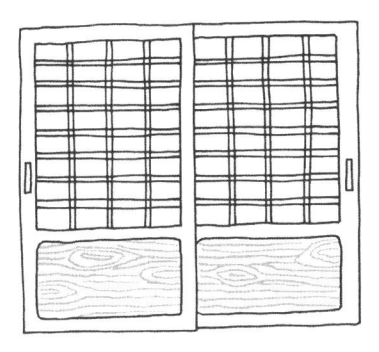

Shôji são as portas corrediças de madeira, e revesti-las com papel novo é uma das tarefas dos monges no templo. Ao recebermos visitantes, é comum que estes se distraiam (especialmente as crianças) e rasguem os *shôji*. As partes avariadas devem ser prontamente repostas, de modo que fiquem impecáveis. Mesmo que não rasgue, o tempo se encarrega de sujar o papel: sendo impraticável limpá-lo com um pano, é necessário substitui-lo em intervalos regulares, em geral a cada mudança de estação.

Hoje, praticamente tudo é descartável e, nesse estilo de vida, é inviável acalentar um sentimento de gratidão aos objetos. No entanto, os *shôji* não podem ser substituídos e, ao mesmo tempo, ainda não inventaram um papel de porta corrediça que não rasgue. Portanto, pelos padrões atuais, o *shôji* é considerado um artigo bastante incômodo, pois sem um cuidado periódico, é impossível preservá-lo.

Dessa inconveniência pode nascer um grande aprendizado. O *shôji* é a evidência do quanto os objetos que nos cercam são frutos de tempo e esforço alheios, de modo que, ao trocar o papel, nascerá em você o sentimento de manuseá-lo com cuidado. Dos instrumentos que você faz uso com carinho, emana o calor do seu coração, e quem o visitar terá o espírito acalentado, tocado pelo zelo do morador da casa.

O reparo dos *shôji* é uma ótima oportunidade para aprender sobre a manutenção da residência e recomendo incitar as crianças a fazê-lo. Quem conserta aprende a importância de não rasgar.

Reparar o *shôji*

No passado, as dimensões do papel Mino se adequavam às medidas das molduras, porém, hoje em dia, cresce o número de papel *shôji* em tamanho padrão.

Umedeça uma esponja com água e passe na moldura que receberá o papel novo, de modo a dissolver a cola antiga.

Em seguida, remova cuidadosamente o papel anterior.

Limpe e seque bem a moldura.

Com fita adesiva, fixe o papel novo num ponto à escolha e, com um pincel, passe quantidade homogênea de cola. Antes de secar, desenrole o papel e cole.

Corte o excesso com um estilete.

Iluminação

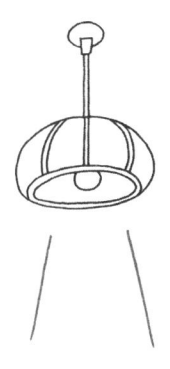

Mesmo para os monges, é difícil fazer a limpeza diária nos quebra-luzes das luminárias situadas em lugares altos. No entanto, elas devem ser devidamente limpas em intervalos regulares. Estipule datas para a faxina dos locais de difícil acesso, de modo que tudo esteja imaculado — no templo Eihei, determinou-se os dias com numerais 3 ou 8. É comum a limpeza de tais lugares exigir um número maior de pessoas, então peça a ajuda dos familiares.

Antes da lâmpada elétrica, a luz após o pôr do sol era limitada. Embora a eletricidade hoje seja considerada natural, evite desperdiçar sua preciosa claridade: não permita que as lâmpadas embaciem devido à sujeira. No budismo, a luz simboliza sabedoria e compaixão, e seu significado é bastante profundo (o nome do templo Kômyô possui o ideograma "luz"). O propósito final do budismo é vencer os sofrimentos desta vida e alcançar a iluminação; e a raiz dos sofrimentos é *mumyô*, a ignorância.

Ignorância é a ausência de luz, o estado de vagar a esmo na escuridão. O fato de a verdade ser invisível fertiliza o surgimento das paixões e dos desejos mundanos, cuja foz é o sofrimento. O que destrói a ignorância é a sabedoria. Atrás da cabeça do Buda Amida, emana a luz que simboliza seu desejo de salvar a humanidade. Ser iluminado com a luz da sabedoria de Buda é finalmente se libertar.

Limpe as luminárias como se polisse a fonte da luz da sabedoria, que elimina a ignorância e os pensamentos impuros.

Limpeza das luminárias

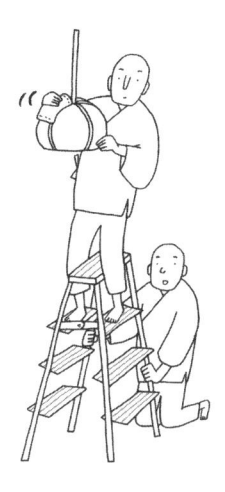

Remova a poeira com um espanador e, em seguida, esfregue com um pano úmido torcido. O ideal é executar a limpeza em dupla: um sobe na escada enquanto o outro a segura e entrega os objetos necessários. Lustre com esmero, de forma a iluminar o espírito. Segundo os versos de Shinran (1173-1262):

Olhos turvados por paixões mundanas
Não enxergo a força de Buda
Mas nada se interpõe à sua imensa compaixão
Que sempre me ilumina

Parte 5

Limpeza da área externa

Entrada

Em japonês, a etimologia da palavra *genkan* (entrada) significa "acesso ao caminho superior", ou seja, a porta de ingresso ao ascetismo. Se o *genkan* estiver sujo, o caminho subsequente estará comprometido. Por isso os monges dedicam especial atenção à manutenção da entrada do templo.

Antes restrito aos samurais, o *genkan* se difundiu e, hoje, é também a entrada de residências — que, por não simbolizarem o início ao ascetismo, não exigem cuidado tão rigoroso e cerimonial. Entretanto, a entrada é a fronteira que separa o interior do exterior da casa, por isso deve permanecer limpa.

Ao visitar um templo, atente aos dizeres no *genkan* e no toalete: "Concentre-se nos seus pés". Procure a verdade dentro de você. Pondere sobre seus passos e reflita sobre si. Pessoas que não descalçam e ordenam os sapatos na entrada possuem o espírito em desordem. Há aqueles conscientes do procedimento, mas, apressados ou envolvidos em outros assuntos, largam os calçados de qualquer jeito, evidência de que seus espíritos estão dissociados do momento presente.

Descalce e ordene os sapatos no *genkan*.

É comum possuir uma sapateira na entrada. Embora sejam raras as pessoas que hoje usam tamancos de madeira *geta*, o nome *getabako* (caixa de *geta*) permaneceu. Quando há cerimônias importantes que reúnem grande número de monges, várias sandálias de sola de couro e tiras brancas ficam enfileiradas na *getabako*, um espetáculo bonito de se ver — embora seja comum, ao final, os monges se confundirem e calçarem as sandálias erradas.

Após o *genkan*, há o *tataki*, o piso de cimento onde é permitido pisar de sapatos. Originalmente, era feito de terra batida misturada com água e carvão mineral. Por serem propensos ao acúmulo de impurezas, é preciso estar sempre atento. É inaceitável deixar no *tataki* calçados de inverno no verão, e vice-versa. Não somente as roupas como os sapatos devem estar de acordo com a estação e ser trocados no *koromogae* — faça os reparos necessários e guarde-os.

Tire os calçados e disponha-os em ordem. Coloque os objetos indispensáveis nos lugares adequados e preservará o *genkan* — e seu espírito — agradável.

Limpeza da entrada

Tataki

FAÇA UMA FAXINA RIGOROSA, POIS NO *TATAKI* SE ACUMULAM AREIA E TERRA DOS CALÇADOS, ALÉM DE FIOS DE CABELO E poeira. Não se restrinja à vassoura, utilize também um esfregão ou pano úmido. No templo, cujo número de visitantes é sempre grande, limpa-se o *tataki* várias vezes ao dia.

Genkan
É o primeiro local a ser vistoriado por um convidado. Esfregue e limpe com cuidado a maçaneta, removendo marcas de dedos.

Placa com inscrição do nome da família
Seu nome reflete sua alma: se estiver sujo ou empoeirado, isso o influenciará. Passe um pano e remova todo traço de impurezas.

Quando o carvão para desodorização perder a eficácia, ferva-o e deixe secar. O carvão feito do carvalho *ubame* é de alta qualidade, boa aparência e pode ser utilizado como decoração de ambientes internos.

Jardim

O jardim é o local em que nos comunicamos com a natureza. Embora seja impossível vivermos nela, é impossível sobreviver sem. O jardim se torna o lugar em que aprofundamos o conhecimento sobre esse delicado equilíbrio. Há templos que fazem do jardim uma metáfora da natureza, outros optam por representar a Terra pura. Existe uma grande variedade, cada qual expressando uma visão particular da vida.

O modo como enxergamos o jardim reflete nosso espírito no momento. Sujeito ao clima e às estações, o jardim é efêmero. **ESCUTE A VOZ DAS PLANTAS E A VOZ DO** seu interior que dialogará com elas. O jardim é uma área de comunicação entre o homem e a natureza.

Após observá-lo com atenção, comece o trabalho. As ferramentas de jardim são fáceis de enferrujar, então tome as devidas precauções. Caso a foice não esteja afiada, ela exigirá uma força desnecessária e você ainda correrá o risco de se machucar. Após o uso, remova completamente a terra, afie a lâmina com uma mó, seque a umidade e guarde. Faça assim e sentirá uma sensação agradável na próxima vez que utilizá-la.

Determine a quantidade de trabalho a ser feita no dia, sem excessos. Caso empregue muita energia, terminará cansado e deverá interromper o serviço. Espelhe-se no ritmo da natureza. As tarefas do jardim devem ser feitas de manhã e à tarde. Descanse quando o sol estiver a pino e retome quando este se inclinar. Consuma água. As pausas para o chá feitas pelos monges às 10h e às 15h permitem levar o trabalho a cabo até o fim do dia.

Evite o uso de herbicidas, eles influenciam a qualidade do solo e prejudicam minhocas e toupeiras. Cuidar do jardim é estar atento a todos os seus componentes. As formas de vida estão conectadas. No diálogo com a natureza, nosso espírito se enriquece. Observe-a e, assim, observará sua alma.

Cuidar do jardim

Use luvas de algodão, que são maleáveis e, mesmo sujas de barro, fáceis de lavar. Proteja-se com uma toalha enrolada na cabeça, ao modo dos monges. Se as plantas estiverem fracas, regue-as; caso haja ervas daninhas, ceife-as. No momento de ceifar o mato, faça-o sem penetrar muito na terra, apenas o suficiente para cortar a raiz, caso contrário, a terra grudará na lâmina e formará sulcos. Tome cuidado ao manusear os utensílios.

Vidros das janelas

Os vidros simbolizam transparência e desapego. Caso estejam embaçados ou com marcas de dedos, o espírito se encontra igualmente maculado.

O budismo reitera a importância de eliminar a visão nublada pelo egoísmo e enxergar a essência das coisas, aceitando-as como elas são. Faça isso com naturalidade, e você alcançará o estado mental da compreensão.

Esfregue os vidros das janelas até ficarem límpidos e você consiga contemplar a paisagem além, esquecendo-se da sua própria existência.

Limpe até não restar sequer um ponto turvo.

Limpeza dos vidros ◇◇◇◇◇◇◇◇◇◇◇◇◇◇◇◇◇◇◇◇◇◇

Dobre e amasse uma folha de jornal, aplique um pouco de detergente e esfregue com água. Para vidros, o papel de jornal é mais compatível que o pano, que solta pequenos fios durante a limpeza. Após a primeira esfregação, que elimina as sujeiras maiores, inicie a segunda — horizontal e verticalmente, de forma metódica. Por fim, certifique-se que não há resquícios de água.

É possível evitar os detergentes comerciais: coloque vinagre em água com sabão e misture.

Tela para janelas

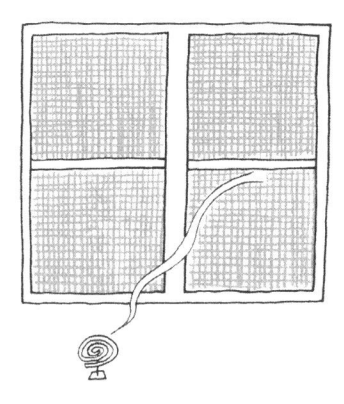

Quando se abre uma janela, cria-se uma passagem de ar. Se a tela estiver suja, o ar circulará sujo. Limpe a treliça, pois o ser humano não vive plenamente com a respiração obstruída. Respirar é muito importante na meditação, pois ela está atrelada ao fluxo energético entre o interior e o exterior do corpo.

A janela é a via respiratória da casa. Se estiver obstruída, o ar se torna estagnado. Limpe com cuidado e possibilite o fluxo de energia.

Limpeza da tela

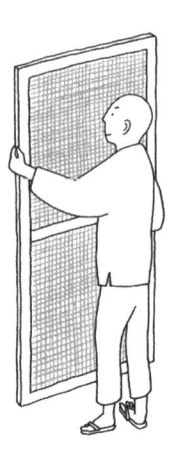

Lave a tela e, antes de restituí-la, não se esqueça de secar bem. Caso contrário, a água retida acabará sujando os caixilhos e o chão. Se a sujeira for excessiva, não se restrinja ao pano: remova a tela e lave com água corrente, utilizando uma bucha. Limpe como se o ar circulasse em seu espírito.

Caminho de acesso

Em um templo, a pessoa toma o caminho de acesso e, durante o trajeto, prepara o espírito para o instante em que se colocará diante de Buda. Embora não tenham um caminho de acesso, as residências possuem um símile em que se agradece por sair com energia e retornar em segurança. Nesse local, busque controlar qualquer ansiedade e respire pausadamente.

Limpeza do caminho de acesso ⋄⋄⋄⋄⋄⋄⋄

Caso saiba o horário em que um integrante da família retornará, regue com um pouco de água o caminho de acesso. "Fico feliz que chegou bem", pode dizer. "Obrigado por me receber", responderá o outro. Manifeste sentimentos de alegria e gratidão.

Mesmo em prédios, existe um caminho do elevador à entrada do apartamento: mantenha limpa essa área de uso comum, e o círculo de gratidão se expandirá aos vizinhos.

Terraço

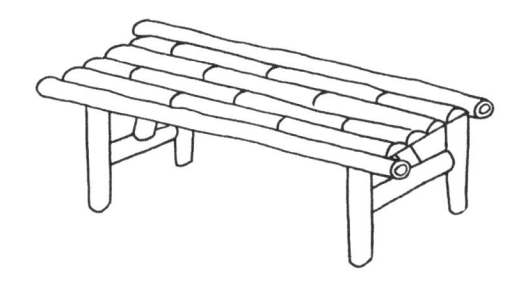

No templo Kômyô foi construído, em uma área anexa, um terraço aberto ao público. Em dias úteis, no horário do almoço, as pessoas que trabalham no entorno se dirigem para lá com marmitas, lanches e bebidas — o local, inclusive, ficou conhecido como Café do Templo. Trata-se de um espaço equivalente à sacada ou ao terraço. Em dias de céu claro, levamos convidados para beberem chá; nos feriados, transforma-se em espaço para leitura.

No terraço, o espírito se liberta, então evite objetos que desviem a atenção e não mantenha lixo ou sujeira. A base da hospitalidade está na limpeza. Construa um ambiente agradável onde todos se sintam felizes.

Organização do terraço

Plantas são fundamentais. Se o terraço fizer frente com um jardim, cuide dele com carinho; caso contrário, introduza a natureza por meio de vasos de plantas que proporcionem paz e tranquilidade. Ao receber visitas, limpe de antemão mesa, cadeiras e corrimão. Áreas externas abrigam teias de aranhas, portanto esteja atento a todos os cantos.

Parte 6

Limpeza do corpo e da alma

Lavar o rosto

Limpeza não envolve somente o entorno, também é preciso cuidar do asseio do corpo e do espírito. Assim que despertar, a primeira coisa a ser feita é lavar o rosto. Embora um hábito comum, você sabe o seu significado? O sacerdote zen Dôgen afirmava que, sem lavar o rosto, tudo que executar no dia estará acompanhado da falta de bons modos. A sujeira não é o único motivo para lavá-lo— mesmo limpo, é importante fazê-lo. **Jamais interaja com as pessoas sem lavar o rosto de manhã. Purificar o corpo e o espírito é o mínimo, em termos de educação, no relacionamento com o próximo.**

No templo Eihei, utiliza-se uma toalha de mais de dois metros de comprimento para se lavar o rosto: ela é utilizada para envolver mangas e gola, de modo a não espargir água na roupa. Um alguidar é suficiente para escovar os dentes, lavar rosto e cabeça. A água é uma dádiva que deve ser consumida com parcimônia e, em seguida, devolvida à natureza. Os monges lavam o rosto com sentimento de gratidão.

Se você não veste quimono, utilize uma toalha de rosto comum. Atente para a economia de água e não deixe a torneira aberta: encha um alguidar e evite desperdícios. Por fim, pendure a toalha úmida para secar.

Não pense com desdém que apenas se trata de lavar o rosto. É importante realizar as atividades rotineiras com consciência e esmero. Nisso reside o segredo para preservar o espírito saudável.

Como lavar o rosto

Utilize pequena quantidade de água. O objetivo não é remover a sujeira, portanto não há necessidade de sabonete. Lave de cima para baixo: testa, sobrancelhas, olhos, nariz e bochechas. Depois, a parte posterior das orelhas e o queixo. Lave o rosto e o espírito despertará, não importa o quão cedo acorde. Sem perceber, você terá lavado sua alma.

Sono

Um dos pilares da vida no templo é dormir e acordar cedo. Assim, conseguimos executar todas as atividades com vigor. Durante o dia, movimentamos o corpo nas tarefas, recitamos o sutra e então nos metemos debaixo das cobertas para um sono profundo. Não há insônia, e dorme-se apenas o tempo necessário.

Um dos significados do nome Buda é "aquele que despertou". Leve uma vida regrada, durma bem e experimente momentos excelentes em sua vida.

Bom sono

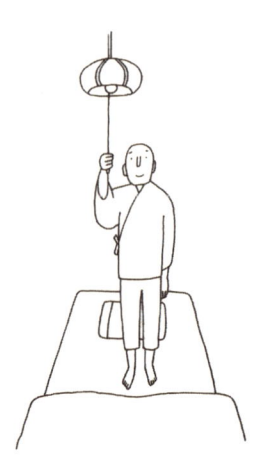

Movimente o corpo durante o dia e durma cedo. Sono além do necessário é indolência, e vontade de dormir em excesso é um desejo mundano.

Respiração

Praticantes de ioga são conhecedores do assunto porque, na Índia, existe a tradição de ordenar a respiração para ordenar o espírito. Quando Buda Sakyamuni atingiu a iluminação, ele estabeleceu a respiração e meditou placidamente sob a figueira.

Recebemos a graça da vida sem perceber, acordados ou dormindo. O coração bate, o sangue circula, o estômago digere: dos movimentos involuntários que preservam nossa existência, um dos poucos que podem ser controlados é a respiração. Quando o espírito está em desordem, a respiração descompassa. Atente-se para ela e execute-a de forma correta.

Modo de respirar

Expire e inspire. Antes de introduzir o ar puro, elimine o antigo de dentro de si. Organize a respiração e inconscientemente equilibrará o espírito.

Execute a respiração abdominal, contraia e relaxe o abdome. Expire devagar pela boca.

Após expirar totalmente, inspire com força pelo nariz, como se desejasse encher o abdome de ar.

Escovação dos dentes

No corpo, a boca é protagonista: comer, conversar e respirar, tudo é feito por ela. O budismo divide as ações humanas em três categorias: ações do corpo, da mente e da boca. As palavras também são consideradas ações, e ensina-se que é necessário purificá-las. Escovar os dentes está vinculado à limpeza da boca, de onde emanam as palavras — é importante limpá-los com zelo.

Escovar os dentes

Nos templos zen-budistas, existem regras para escovar os dentes: antes de recitar os versos *GÂTHA*, deve-se escovar a parte superior e posterior da arcada e "bochechar como se polisse", conforme as palavras do sacerdote Dôgen. Para evitar cáries, escove com cuidado o espaço entre os dentes. Por fim, escove a língua.

Uma boca inodora com dentes limpos nos mantêm livres de pensamentos mundanos.

Corte de cabelo

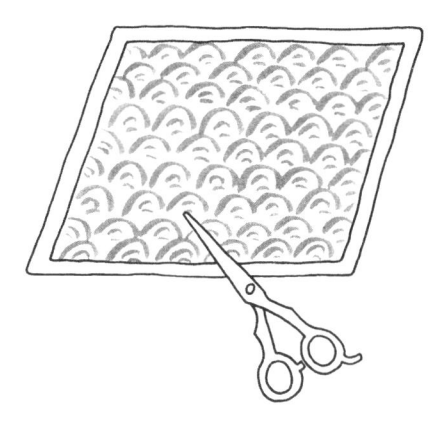

Um símbolo dos monges é a cabeça raspada. Praticamente todos os monges de todas as escolas praticam a tonsura (a escola Shin da Terra Pura não obriga a raspagem, somente no momento da ordenação). Para demonstrar o preparo e a vontade de ingressar no budismo, o discípulo oferece o couro cabeludo à navalha do mestre. Embora as pessoas em geral cortem os cabelos quando os consideram compridos, os monges do templo Eihei os raspam nos dias com numerais 4 ou 9.

Discipline o espírito e elimine as tentações: faça como os monges do Eihei e corte os cabelos.

Cortar os cabelos

No templo Eihei, dispensam-se espuma e sabonete para fazer a barba e raspar os cabelos, e não são poucos os monges que se cortam até a pele se acostumar. Isso porque valorizam a água e são parcimoniosos no seu uso, evitando misturas desnecessárias que dificultam seu retorno à natureza.

Excreção

É estranho dizer mas, quando uso o banheiro, penso o quanto o ser humano é maravilhoso. Fazemos as refeições e o corpo as digere, aproveitando seus nutrientes. O que não pode ser aproveitado se transforma em fezes e é naturalmente eliminado. Com o suor e demais impurezas se dá o mesmo. Nos 365 dias do ano, 24 horas por dia, o corpo executa atividades de limpeza. Não podemos ser senão gratos.

Quando crianças, nossos pais nos ensinam as regras básicas de uso do banheiro, e é raro apurarmos a técnica no decorrer da vida. Não há forma aceitável de observarmos os demais e, assim, cada um desenvolve um método pessoal pouco refinado.

Nos templos zen-budistas, o ato de excretar é tratado de modo bastante conscencioso. O *tôsu* é um local consagrado a Ucchusma, e a conduta em suas dependências é rígida. Antes de usar o banheiro, coloca-se um alguidar com água em local definido. Então, o monge para diante do urinol, põe a mão esquerda no quadril e, com a direita, executa o *tanji* três vezes, antes e depois do ato. *Tanji* é o estralar dos dedos indicador e polegar, e seu som simboliza batidas na porta (antes) e purificação (depois). Não se utiliza papel higiênico, e sim a água do alguidar. A lavagem se dá com a mão esquerda, da mesma forma praticada até hoje na Índia.

Por ser uma área reservada, o banheiro proporciona momentos de alívio e também de negligência, sendo necessário preservar um estado constante de tensão visando o ascetismo. A limpeza deve ser escrupulosa e seus usuários devem manter o ambiente sempre limpo, de modo que todos se sintam serenos quando utilizá-lo. Evacue de forma consciente.

A excreção

A excreção é o ato mais próximo dos instintos humanos, por isso devemos nos manter atentos e não perder a compostura. Disponha os calçados em ordem, assim como o papel higiênico — sempre considere o próximo a utilizá-lo.

Refeições

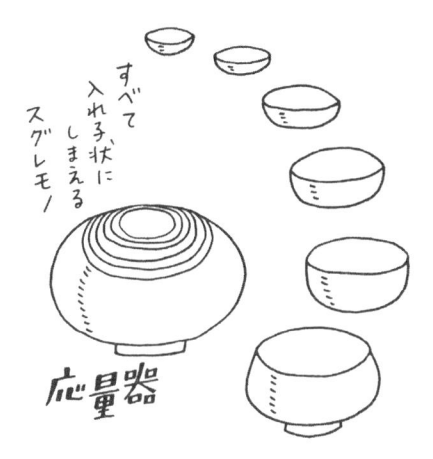

A pressa dos dias atuais obriga as pessoas a encurtarem o período das refeições, devorando a comida sem ao menos saber o que é. Uma pena. O ser humano não sobrevive sem comida e, sendo ela constituinte do corpo, negligenciá-la é negligenciar o corpo. E descuidar do corpo é descuidar do espírito. É preciso atentar-se àquilo que ingerimos.

A cerimônia do chá foi introduzida no Japão junto com o zen-budismo — a filosofia envolvida no preparo de uma tigela de chá é tamanha que se tornou doutrina. Quando estudei no templo Hongan, em Quioto, pude testemunhar os comensais juntando as mãos em prece e agradecendo em uníssono antes e depois das refeições. Durante, não era proferida uma única palavra, comia-se imerso em profundo sentimento de gratidão.

Mastigue cada porção devagar e por completo, saboreando a. Saiba quanto é suficiente e pare quando o estômago estiver 80% cheio. Mastigue bem, e o estômago será estimulado: a saciedade virá mais cedo e a vontade de comer por impulso diminuirá.

Corpo e mente são um. Não os considere entidades independentes. Faça a refeição de forma disciplinada e então agradeça. Mantenha a harmonia e o espírito refinado.

Antes das refeições ◇◇◇◇◇◇◇◇◇◇◇◇◇◇◇◇◇◇◇◇

Junte as mãos em prece, manifestando sua gratidão: "Obrigado por este alimento, fruto do trabalho de muitas pessoas. Sua bondade me alegra e eu o aceito com gratidão".

Após as refeições ◇◇◇◇◇◇◇◇◇◇◇◇◇◇◇◇◇◇◇◇

Novamente com as mãos em prece, agradeça: "Obrigado pela deliciosa refeição, farei o possível para retribuir tamanho favor".

Parte 7

Terminada a limpeza

Desapegue

Os monges vivem em espaços surpreendentemente pequenos. Um monge zen-budista habita uma área equivalente a um tatame — nela, medita, faz as refeições e dorme. Durante meus estudos em Quioto, vivi em comunidade em um templo da escola Shin da Terra Pura, onde qualquer coisa além do mínimo necessário — material de escrita e roupas de baixo — era estritamente proibida. No quarto, dez aprendizes compartilhavam da rotina de levantar antes do nascer do sol, recitar o sutra, fazer a faxina e prosseguir em silêncio nas atividades preestabelecidas, sem espaço para o surgimento de pensamentos impuros.

A VIDA SEM BENS MATERIAIS É BASTANTE AGRADÁVEL. O mestre Ippen seguiu itinerante até a morte, sem posses ou endereço fixo. A vida sem propriedades proporciona a plena liberdade do espírito. Quando se leva uma vida monástica, percebe-se que somente o que é bom permanece ao seu lado — objetos de qualidade excelente feitos mediante tempo e esforço. Ao tocar algo assim, toda a energia concentrada na sua manufatura percorre o corpo e chega ao coração — você passa a preservá-lo e o espírito evolui. Caso esteja rodeado de coisas sem valor, pouco lhe importa que quebrem. Você jamais saberá o significado de valorizar os objetos.

Para as crianças, selecione um número restrito de brinquedos de qualidade. Ensine seu filho sobre a importância de utilizar tigelas de laca nas refeições, e ele desenvolverá sensibilidade para discernir o valor dos objetos. Quando for às compras, pondere se realmente necessita daquele item e, em caso positivo, se ele será de fácil convivência, de modo a não obstruir a faxina cotidiana. Produtos de mão de obra qualificada tendem a ser mais caros, porém são duráveis e de qualidade superior.

Desapegue e terá o universo. É o vazio budista.

Mantenha a ordem

O aposento de um monge é bastante simples. Como dispõe do mínimo necessário, o ambiente não fica em desordem. Coisas certas nos lugares certos. Parece óbvio, mas não é. Retire o objeto, use-o e restitua-o ao lugar de origem. As pessoas incapazes disso manuseiam os objetos de forma rude, evidência de um espírito também rude.

Monges veteranos instruem os aprendizes sobre o lugar certo de cada objeto: vassoura, pá de lixo, balde, utensílios para refeição. Com os pertences se dá o mesmo, inclusive com a posição do livro de sutras sobre a mesa — se estiver um milímetro fora do lugar, recebe-se uma advertência. Quando todos se acostumam com a ordem predeterminada, tudo sempre permanece no lugar.

Um amigo monge me contou que, no início, escutava tudo que lhe era dito e se esforçava para memorizar o lugar de cada objeto. Com a repetição, gradualmente passou a escutar a voz deles. Então, para saber onde colocar um utensílio, bastava perguntar a ele.

Escutar a voz das coisas é impossível para um espírito sem requinte. Trate os objetos com cuidado e sua audição espiritual será apurada, o que te levará a dialogar com os seres inanimados. Saber o lugar certo de cada item significa que você conhece o espaço ao seu redor, e a faxina diária transforma o ambiente em parte do seu ser. Tenha consciência da verdadeira natureza dos objetos e incorpore o entorno: você saberá onde cada utensílio deve ser guardado.

É possível atingir esse estado de espírito.

Em harmonia com as estações

A rotina do templo se harmoniza às estações do ano. Há as celebrações de ano-novo e os serviços budistas por ocasião do equinócio, que anuncia a primavera; em abril, o Festival das Flores que comemora o aniversário do Buda; o verão é caracterizado pelo festival de *bon*, o Dia de Finados, que evoca o espírito dos ancestrais; as festividades do equinócio de outono prenunciam as cores avermelhadas da estação; e o ano se encerra ao som do sino do templo, 108 toques para eliminar os 108 desejos mundanos da humanidade. Quando se habita um templo, não faltam oportunidades de sentir a mudança das estações, uma das vantagens em ser monge.

Não há país em que o fenômeno seja mais marcado do que no Japão. Mesmo no templo em que resido, em Tóquio, a floração das cerejeiras e das ameixeiras é uma dádiva aos olhos. No verão e no outono, se escutarmos atentamente, é possível discernir as cigarras e os grilos. A alegria de vivenciar as estações é algo que desejo preservar sempre.

Introduza as diferentes estações em sua casa. Os aposentos em estilo japonês oferecem diversas possibilidades: decora-se o recanto principal da sala com flores sazonais, troca-se os incensos e o pergaminho de pendurar. No inverno, as portas corrediças proporcionam aquecimento; no verão, as persianas de caniço-de-água oferecem frescor. A troca do papel dos *shôji* traz alegria pela mudança das estações.

Na primavera e no outono, não se esqueça do *koromogae*. As vestimentas dos monges se dividem em roupas de verão e de inverno. Quando vestimos o traje de verão, sentimos a brisa com traços de primavera através do tecido de seda, enquanto a roupa pesada prenuncia a chegada do inverno. Os monges vestem *samue* com ou sem forro, a depender da estação. Sem grande variedade, o guarda-roupa de um monge contém a veste drapeada utilizada sobre o hábito nos ofícios, as roupas simples e os *samue*. Por serem restritos, não se perde tempo pensando sobre o que vestir. Eliminar pertences desnecessários, vestir roupas modestas e ser sistemático nos torna suscetíveis às estações.

Deixe as janelas abertas e despeje ar fresco em sua casa. O perfume do vento muda de acordo com a estação, o som dos insetos e o canto dos pássaros são arautos da mudança. A natureza muda a cada dia, a cada instante. O poema diz que a primavera são flores desabrochando em mil bosques e o outono é a lua despontando em dez mil lares. Buda está em cada elemento da natureza e alcança a todos.

A natureza refletida em seus olhos reflete o seu espírito.

A Grande Faxina

Limpar o templo todos os dias não dispensa a Grande Faxina. **Limpar é remover a sujeira do espírito, e a Grande Faxina busca eliminar os pensamentos impuros acumulados durante o ano, daí sua importância.** No passado, era costume queimar lenha na cozinha e utilizar óleo para acender velas e lâmpadas, de modo que a fuligem se acumulava nos aposentos — a Grande Faxina era chamada de Faxina da Fuligem, nome ainda em voga em alguns templos.

No templo Hongan, não somente os monges como também o público, participam da Grande Faxina em dezembro. Após o sutra matinal, todos se dirigem ao santuário e se colocam de prontidão à espera do sacerdote-chefe, que aparece vestindo sandálias *zôri*. Então, postam-se diante da imagem do Buda Amida, juntam as mãos em prece e, em seguida, varrem o pedestal com uma imensa vassoura de quatro metros, procedimento repetido diante da imagem do mestre Shinran. A partir daí, forma-se uma grande linha horizontal, e a faxina é iniciada simultaneamente. Bate-se nos tatames com vigor com varas de bambu de um metro, de modo que a poeira levante. Depois, abanam e varrem o pó.

Mais que uma faxina, trata-se de um ritual. Todos devem fazer a Grande Faxina, felizes por mais um ano vivido. Não há felicidade maior. Os laços familiares são fundamentais para o espírito, portanto busque fazer a Grande Faxina em sua casa, priorizando os lugares de difícil limpeza cotidiana. Distribua as funções de modo que as pessoas experimentem limpar setores aos quais não estão habituadas, aumentando, assim, o sentimento de gratidão pelos demais.

Posfácio

No inconsciente coletivo, talvez por influência do animê *Ikkyû-san*, há a imagem de um monge com uma vassoura de bambu na mão compenetrado na faxina, uma cena bem próxima da realidade. Para escrever este livro, contatei monges de diversas escolas, e quase todos dedicam boa parte do tempo à limpeza e demais tarefas cotidianas. Em templos localizados dentro dos centros urbanos, o fluxo de visitantes é intenso, de forma que os monges dedicam muita atenção à limpeza e à organização. No entanto, para as pessoas em geral, é difícil manter os ambientes de suas próprias casas em ordem.

O local mais simples e organizado que conheci não se encontrava no Japão, e sim na Índia. A Índia é o berço de Buda, e sempre que visito o país sinto sua presença mais próxima. A atmosfera indiana é especial, e meu apreço pela Índia é tamanho que estudei lá durante um ano. Nesse período, nos raros dias de folga, viajava com minha esposa e filho, que me acompanharam do Japão. Em Jaipur, no norte, subimos uma montanha montados em um elefante; em Kerala, ao sul, contemplamos um céu coalhado de estrelas em um barco pesqueiro. No entanto, o mais impressionante foi um projeto que conheci na companhia de um amigo e que consistia na entrega de lanternas solares em aldeias sem eletricidade.

Atualmente, a Índia sofre um rápido processo de urbanização. Apesar disso, ainda existem muitas aldeias vivendo como no passado, ocultas nos recessos das montanhas, preservando o idioma autóctone, sem automóveis ou energia elétrica. Mesmo que se incense esse estilo de vida primitivo, não há luz para as crianças estudarem à noite ou veículos para transportar doentes em momentos de urgência. Como forma de amparar os habitantes sem interferir em seus costumes, uma organização sem fins lucrativos iniciou o projeto de distribuição de lanternas solares.

A aldeia que visitamos se situava em uma montanha recôndita ao sul. Para alcançá-la foi necessário tomar trens, ônibus e, ao final, caminhar por quatro horas. Chegamos após o pôr do sol, e o lugar estava imerso na escuridão. Tratava-se de um vilarejo com uma dúzia de habitações pequenas, como depósitos japoneses. Alguns homens se agrupavam em volta de uma minúscula fogueira enquanto os demais dormiam em suas residências.

Explicamos nosso objetivo e entregamos as lanternas ao responsável, que, alegre, convidou-nos até sua casa. Agora iluminada pela lanterna, ela parecia uma caverna de área restrita. No chão, dormiam cinco ou seis membros da família. "A vida em um lugar tão apertado deve ser bastante difícil", pensei.

Entretanto, quando minha vista se acostumou com a penumbra e o aposento tomou formas nítidas, o pensamento se dissipou. Nunca antes vira um aposento tão modesto e encantador! A simplicidade surpreendia, os poucos objetos eram conservados em perfeita ordem e a higiene do local era absoluta.

Não possuíam bens materiais nem eletricidade, mas levavam uma vida plena.

As prateleiras transbordam de produtos, e os práticos utensílios elétricos são quase onipresentes. Gozamos de uma existência materialista; porém, trata-se de uma existência rica? No Japão, não são poucos os que mudaram a forma de pensar após os acidentes radioativos das usinas nucleares.

Uma sociedade livre. As cidades estufadas de objetos e alimentos, tudo à venda. É possível fazer o que quiser e todos parecem desfrutar de uma existência repleta de liberdade. Se é assim, por que nos sentimos atraídos por estilos de vida naturais c simples? Porque, em algum lugar dentro de nós, há a certeza de que a modernidade não trouxe de fato a alardeada liberdade.

Acredita-se que liberdade é fazer o que se quer na hora em que se deseja. Porém, a liberdade, de fato, é viver em paz, com o coração pleno de felicidade. E isso se obtém somando cada uma de nossas ações. O tempo dedicado à limpeza, por exemplo, traz uma sensação de plenitude que se estende durante a permanência no ambiente.

Meus profundos agradecimentos a Rieko Ishimura — editora da Discover 21, que me proporcionou a chance de purificar meu espírito enquanto redigia o livro —, Shôyô Yoshimura e a todos os membros das diversas escolas budistas que entrevistei. Obrigado pela colaboração e pelos sábios conselhos.

Faça a faxina buscando purificar o espírito. Porém, assim como acontece na limpeza, por mais que esfreguemos, os pensamentos impuros se assentam em nosso espírito tão logo o limpamos. É uma tarefa constante, da mesma forma que o ascetismo.

O errado se transforma em certo
O gelo em água —
Muito gelo, muita água
Grandes obstáculos, enormes recompensas.

Assim escreveu o mestre Shinran (1173-1262). Quando a interminável rotina de purificar o espírito o desesperar, pare e recite "Namu Amida Buda". Mesmo invisível, Buda está ao seu lado — lembre-se disso.

Se fui capaz de ajudar você, leitor, um pouco que seja, em seu trabalho de faxina, sinto-me feliz.

**Acreditamos
nos livros**

Este livro foi composto em Chaparral e Gotham
e impresso pela Gráfica Santa Marta para a
Editora Planeta do Brasil em fevereiro de 2020.